T0131829

essentials

essentials liefern aktuelles Wissen in konzentrierter Form. Die Essenz dessen, worauf es als „State-of-the-Art" in der gegenwärtigen Fachdiskussion oder in der Praxis ankommt. *essentials* informieren schnell, unkompliziert und verständlich

- als Einführung in ein aktuelles Thema aus Ihrem Fachgebiet
- als Einstieg in ein für Sie noch unbekanntes Themenfeld
- als Einblick, um zum Thema mitreden zu können

Die Bücher in elektronischer und gedruckter Form bringen das Fachwissen von Springerautor*innen kompakt zur Darstellung. Sie sind besonders für die Nutzung als eBook auf Tablet-PCs, eBook-Readern und Smartphones geeignet. *essentials* sind Wissensbausteine aus den Wirtschafts-, Sozial- und Geisteswissenschaften, aus Technik und Naturwissenschaften sowie aus Medizin, Psychologie und Gesundheitsberufen. Von renommierten Autor*innen aller Springer-Verlagsmarken.

Weitere Bände in der Reihe http://www.springer.com/series/13088

Wolff-Christian Peters · Rainer Tetzlaff

Wie Corona Afrika verändert

Ein entwicklungspolitischer Überblick

Wolff-Christian Peters
Decentralisation for Development
GIZ GmbH
Lusaka, Zambia

Rainer Tetzlaff
Hamburg, Deutschland

ISSN 2197-6708 ISSN 2197-6716 (electronic)
essentials
ISBN 978-3-658-35557-9 ISBN 978-3-658-35558-6 (eBook)
https://doi.org/10.1007/978-3-658-35558-6

Die Deutsche Nationalbibliothek verzeichnet diese Publikation in der Deutschen Nationalbiblio-
grafie; detaillierte bibliografische Daten sind im Internet über http://dnb.d-nb.de abrufbar.

Planung/Lektorat: Jan Treibel
Springer VS ist ein Imprint der eingetragenen Gesellschaft Springer Fachmedien Wiesbaden GmbH
und ist ein Teil von Springer Nature.
Die Anschrift der Gesellschaft ist: Abraham-Lincoln-Str. 46, 65189 Wiesbaden, Germany

Was Sie in diesem *essential* finden können

- Die Folgen der drei Corona-Wellen seit März 2020 in Afrika
- Die vier Ländergruppen Afrikas unterschiedlich stark betroffen
- Verschlechterung der Lage durch Mangel an Impfstoffen, den desolaten Zustand der Gesundheitssysteme und politische Fehlleistungen
- Folgen der Pandemie: Hunger, Arbeitslosigkeit, Gewalt und Migration
- Drei Fallstudien (Äthiopien, Sambia, Südafrika) und die Reaktionen von Staat und Gesellschaft
- Die wirtschaftlichen, sozialen (bildungspolitischen) und politischen Auswirkungen der Krise
- Ausblicke auf kommende Jahre.

Vorwort

Den beiden Autoren dieser Studie ist bewusst, dass wir uns weltweit immer noch im Verlauf einer Pandemie befinden, dessen nächste ‚Welle' bevorzustehen scheint und dessen Ende – glücklich oder nicht – von Niemandem vorhergesehen werden kann. Hinzu kommt, dass die von nationalen Regierungen gemeldeten Gesundheitsdaten, die täglich von der US-amerikanischen Johns-Hopkins-University eingesammelt werden, unzuverlässig sind. Oftmals sind sie aus politischen Gründen nach unten korrigiert oder die Testmethoden einiger Länder lassen kein realistisches Bild zu, sodass die Annahme berechtigt ist, dass die Zahl der Corona-Opfer „wohl um ein Vielfaches höher" liegt als die vier Millionen Menschen, die bisher mit dem Corona-Virus gestorben sein sollen (Dambek & Hoffmann, 2021, S. 87). Insofern spiegeln auch die hier verwendeten Gesundheits- und Ansteckungsdaten afrikanischer Behörden wohl kaum ein völlig korrektes Bild der tatsächlichen Verhältnisse wider, die sich im Übrigen oftmals rasch wegen der unheimlichen Wandlungsfähigkeit dieses Virus mit seinen Mutanten ändern.

Die empirische Darstellung der afrikanischen Verhältnisse umfasst den gesamten Kontinent, hat aber mit dem südöstlichen Afrika einen geographischen Schwerpunkt (Südafrika, Sambia, Äthiopien). Dies geschah aus naheliegenden Gründen, weil Christian Peters seit 30 Jahren im süd-östlichen Afrika im Rahmen von EZ-Projekten arbeitet und Rainer Tetzlaff Äthiopien zum Schwerpunktland seiner Afrikaforschung gewählt hat.

Dr. Wolff-Christian Peters
Prof. Dr. Rainer Tetzlaff

Inhaltsverzeichnis

Einleitung: COVID-19 – ein disruptive Menschheitserfahrung mit ungleichen Folgen für Menschen und Staaten

1

Am 11. März 2020 erklärte der WHO-Generaldirektor *Tedros Adhanom Ghebreyesus,* die Corona-Epidemie – etwas verspätet – zur globalen „Pandemie". Die hohen Ansteckungszahlen in immer mehr Ländern der Welt – nicht nur in China, Nordamerika und Westeuropa – ließ ihm keine Wahl mehr. Seitdem haben Hunderte von Millionen Menschen auf allen Kontinenten mit den unangenehmen Begleiterscheinungen wie *Lockdowns* und Quarantäne-Maßnahmen sowie mit den beängstigenden Auswirkungen der Pandemie zu tun gehabt; denn COVID-19 mit seinen Mutationen, bei denen jede neue noch schlimmer weil ansteckender ist als die vorangegangene, bedeutet für zahlreiche Betroffene einen tiefen Einschnitt in ihre gewohnten Lebensgewohnheiten. Heute sind alle Regierungen der Welt aufgefordert, die Ausbreitung von COVID-19 wegen seiner disruptiven Folgen für Gesellschaft und Wirtschaft einzudämmen und dabei folgende Strategie anzuwenden ‚Entdecken, testen, isolieren, nachverfolgen' und seit 2021 auch ‚impfen' (vgl. Hauser, 2021, S. 11). Doch die Fähigkeiten der Regierungen in der Welt, dieser Schicksalsfrage der Menschheit angemessen und nachhaltig zu begegnen, sind höchst ungleich, weil nicht zuletzt eine Frage der verfügbaren Ressourcen (Geld, Know-how, Fachpersonal) und des inneren Zustands eines Landes. Dabei spielt das *Vertrauen* der Bevölkerung zur Politik ihrer jeweiligen Regierung eine entscheidende Rolle für Erfolg oder Misserfolg der Gesundheitsmaßnahmen (Hartwig & Hoffmann, 2021).

Die häufig artikulierte Behauptung, dass eine Pandemie in ihrer letalen Wirkung *alle* Mitglieder einer Gemeinschaft *in gleicher Weise* betreffen würde, trifft bei näherem Hinsehen nicht zu. Möglicherweise ist dieser Mythos im Mittelalter entstanden, als damalige Zeitgenossen den Ausbruch der großen Pest von 1347 in Europa (mit Millionen von Toten in wenigen Monaten) zu begreifen versuchten. Damals wirkten die Verheerungen tatsächlich in etwa so, dass Reiche und

Gottgläubige genauso vom ‚schwarzen Tod' dahingerafft wurden wie Arme und Gottlose; denn man hatte keinerlei Erkenntnisse darüber, wie das Virus wirkt und wie sich der Mensch dagegen schützen könnte (Herlihy 1998). Heutzutage sind Pandemien eher „Ungleichmacher" und „zutiefst ungerecht" (Gloger & Mascolo, 2021, S. 100–101); denn das Resilienz-Potential der Menschen ist bildungs- und einkommensabhängig und somit strukturell ungleich. Eine präzedenzlose Herausforderung wie die COVID-19-Pandemie macht Arme ärmer und Reiche reicher; denn diese ungewohnte Störung unseres gewohnten Lebens zementiert bestehende ökonomische und soziale Ungleichheiten durch ungleiche Chancenverwertung und ungleiche Möglichkeiten der Gefahrenabwehr.

Das gilt *cum grano salis* auch für die Kluft zwischen dem globalen Norden und dem globalen Süden: Während im globalen Norden und in China die oberen zehn Prozent der Gesellschaft seit 2020 noch reicher geworden sind als vor der Pandemie, ist nach Angaben der *African Development Bank (AfDB)* in Afrika im gleichen Zeitraum wieder eine Zunahme der Zahl der Armen um schätzungsweise 38,7 Mio. Menschen auf nun 465,3 Mio. zu verzeichnen, was 34,4 % der Gesamtbevölkerung Afrikas entsprechen würde (AfDB Economic Outlook, 2021, S. 1). Begleitet und teilweise verursacht würde dieser Zuwachs an Armen von einem Rückgang des wirtschaftlichen Wachstums um 2,1 % im Jahr 2020 und der Beschäftigungszahlen um 20 % bis 30 % der Menschen in formalen Arbeitsverhältnissen. Durch die Schließung der Tourismusangebote verloren Millionen von jungen Frauen und Männern in Südafrika, Tunesien, Ägypten, Kenia, auf Sansibar und in anderen beliebten Fernreisezielen ihre Arbeitseinkommen. Auch zählen Schulmädchen und einkommens- und arbeitslos gewordene Frauen, die durch COVID-19 wieder stärker in die patriarchalischen Strukturen ihrer Gesellschaften zurückgestoßen werden, zu den größten Opfern der Pandemie. Laut AfDB würden Finanzbeträge in Höhe von 7,8 Mrd. US$ für 2020 und von 4,5 Mrd. US$ für 2021 nötig sein, um bei Afrikanern das Einkommensniveau (Brutto-Inlandprodukt, BIP) vor Beginn der Pandemie wieder zu erreichen (AfDB Economic Outlook, 2021, S. 1). Was die sozialen Auswirkungen von COVID-19 auf die 55 Länder des afrikanischen Kontinents betrifft, so ist es ratsam und angemessen, mindestens zwischen **vier Kategorien von politischen Systemen** zu unterscheiden; denn von ihrer inneren Verfasstheit hängt deren Fähigkeiten ab, auf die Corona-Pandemie mit eigenen Maßnahmen zum Schutz der Bevölkerung zu reagieren. Eine erste Gruppe bilden die etwa zwölf Staaten, die auf dem Weg zur *liberalen Demokratie* und zur *Durchführung freier und fairer Wahlen* erhebliche Fortschritte vorzuweisen haben. Dazu gehören Mauritius, Botswana und Namibia im südlichen Afrika, ferner Ghana, Benin, Elfenbeinküste, Kapverden, Gambia und Senegal im westlichen

Afrika, Tansania und Kenia in Ostafrika und Tunesien im islamischen Nordafrika. Den politischen Gegenpol bildet die Gruppe der *failed states*, d. h.
der Länder, in denen das staatliche Gewaltmonopol durch zentrifugale Kräfte (Rebel-
len, Sezession, Bürgerkrieg) zerbrochen ist und eine landesweite Gesundheits-
und Entwicklungspolitik auf absehbare Zeit organisatorisch unmöglich erscheint.
Dazu gehören Somalia, Südsudan, Libyen, Simbabwe, der Tschad, die Zentral-
afrikanische Republik, Mali und die Demokratische Republik Kongo (wegen
der Kriege in den östlich gelegenen Kivu-Provinzen) und der Vielvölkerstaat
Nigeria (wegen des Dauerkriegs gegen die Terroristen von Boko Haram im
Norden des Landes). Eine dritte Staatengruppe bilden die etwa dreißig Länder
mit *autoritären* politischen Systemen, zu denen Militärdiktaturen, ‚Fassaden-
Demokratien‘ und ‚Kleptokratien‘ gehören, aber auch Länder im Übergang zu
demokratischen Wahlen („defekte Demokratien" im Jargon von BTI, 2020, S. 56).
Schließlich stellen Ruanda, Äthiopien und Uganda eine kleine Untergruppe dar,
deren entwicklungspolitisch orientierte Staatsführungen mittels Lenkung von oben
ungewöhnlich große entwicklungspolitische Leistungen zuwege bringen (vgl.
auch Tetzlaff, 2018, S. 141 f.).

Wie *ungleich* die Corona-Pandemie Gesellschaften im globalen Norden und
Gesellschaften im globalen Süden treffen können, zeigt sich besonders daran, dass
COVID-19 für Länder mit hohem Durchschnittseinkommen in erster Linie eine
Herausforderung für das nationale *Gesundheitswesen* darstellt, während struktur-
schwache Länder mit einem geringen Durchschnittseinkommen und mit einem
hohen Anteil von Armen wie in Afrika zusätzlich mit einer *Ernährungs- und
Versorgungskrise* zu kämpfen haben (nach Brüntrup 2020); denn nach dem Verlust des Arbeitseinkommens geht es marginalisierten Menschen, die nicht von
ihrer Regierung durch Kurzarbeitergeld oder andere staatliche Hilfsprogramme
unterstützt werden, um Leben und Tod. Eine Konsequenz dieser postkolonialen,
durch Corona noch verschärften Situation ist für einige – besonders für junge
Männer zwischen 15 und 40 Jahren – die Zuflucht zur Gewalt, um irgendwie zu
überleben und ein Selbstwertgefühl wiederzuerlangen. Bei anderen ist die Angst
vor dem Verhungern größer als die Angst vor dem Corona-Virus – so z. B. auf
Madagaskar.

Mit einem Bruttonationalprodukt von ca. 400 US$ pro Kopf gehört die Insel
Madagaskar zu den ärmsten Ländern Afrikas, die sich weder ein angemes-
senes Gesundheitswesen noch Impfprogramme leisten kann. Im Mai 2021

waren von den knapp 30 Mio. Einwohnern mehr als eine Million Menschen von einer Hungersnot bedroht, – Folge von Dürren, Sandstürmen, Klimawandel, Abholzung der Wälder und Corona-bedingtem Ausbleiben der Einnahmen aus dem Tourismus (Quelle: Claudia Bröll, *Viele Ernten fallen aus*, in: FAZ vom 14. 05.2021, S. 7).

Madagaskar ist kein Einzelfall. Besorgniserregend ist auch die Situation auf den **Seychellen,** mit einem BSP pro Kopf von über 15.000 US einem der reichsten Länder Afrikas, in dem die Hälfte der Bevölkerung vom Tourismus lebt. Im Mai 2021 waren etwa 60 % der Einwohner (von insgesamt 100.000 Menschen) vollständig gegen das Corona-Virus geimpft worden – mehr als in jedem anderen Land der Welt. Und dennoch sind im Frühsommer 2021 die Neuinfektionen hochgeschnellt, ohne dass es dafür eine klare Begründung gäbe. Es wird gemutmaßt, dass der Rückfall mit dem chinesischen Impfstoff *Sinopharm* zu tun haben könnte, der weniger wirksam sein soll, oder mit der südafrikanischen Beta-Mutation des Corona-Virus, die schon im Februar 2021 auf der Insel aufgetaucht sein soll (Fabian Urech, *Ein kleiner Inselstaat wirft Fragen auf...*, in: NZZ vom 07.05.2021).

Hunger als Folge von Corona ist zu einem Merkmal der Armutspopulationen des Globalen Südens geworden. So veröffentlichte die *Welthungerhilfe* im Februar 2021 die Ergebnisse einer Befragung von Menschen in 25 Ländern des Globalen Südens (Welthungerhilfe. Die Welt mit Corona. #PostCovidResilience, Blog vom 08.02.2021): Neun von zehn Befragten gaben an, dass sie heute weniger Geld zum Leben hätten als vor der Corona-Krise, da Einkommen weggefallen seien. Für afrikanische Länder liegen die Gründe dafür nicht zuletzt am Einbruch der Güternachfrage der Industriestaaten; so gingen die Textilexporte Äthiopiens ebenso zurück wie die Baumwollexporte aus Mali, Burkina Faso und Senegal (Welthungerhilfe, 17.12.2020: „Fünf Fragen an Jann Lay: Was macht Corona mit der Wirtschaft?")

Hinzu kommt das Kardinalproblem der *Jugendarmut*, Ergebnis von Arbeitslosigkeit und beruflicher Perspektivlosigkeit. Im *Senegal* strömen jährlich 300.000 junge Menschen auf den (imaginären) Arbeitsmarkt, in ganz Afrika sind es 20 bis 30 Mio. – Menschen im Wartesaal des Lebens zwischen Wut und Resignation. Corona hat ihre Situation noch einmal drastisch verschärft, was viele zur Flucht nach Europa auf gefährlichen Wegen verleitet. Vom 1. Januar 2021 bis 18. Juni 2021 sind 815 Afrikaner auf der Flucht nach Spanien im Mittelmeer ertrunken[1], seither stieg die Zahl in wenigen Wochen auf schätzungsweise 2087 (nach Angaben der spanischen NGO ‚Caminando Fronteras', zit. in: „Tausende Migranten vermutlich ertrunken", FAZ vom 09.07.2021, S. 1).

---

[1] https://de.statista.com/statistik/daten/studie/892249/umfrage/im-mittelmeer-ertrunkenen-fluechtlinge/

COVID-19-Pandemie in Wellen, Klimakrise und Bevölkerungswachstum – Ursprünge, Krisenverflechtungen und der Ruf nach dem starken Staat

2

Nach allem was wir heute wissen, ist der *ursächliche Treiber* sowohl von Corona-Pandemie als auch von der globalen *Klimakrise* die weltweite Zerstörung der Natur durch die ungebremste Expansion der Menschheit. Der Hamburger Evolutionsbiologe *Matthias Glaubrecht* hat in seinem Klassiker *Das Ende der Evolution. Der Mensch und die Vernichtung der Arten* die intensive Nutzung von Land und Ozeanen durch den Menschen und der damit verbundene zunehmende Verlust an Lebensräumen für Tiere und Pflanzen aller Art „als Artenkiller Nummer eins" bezeichnet. Der ursächliche Auslöser all dieser fatalen Übernutzung von Lebensräumen sei die *„Überbevölkerung"* (Glaubrecht, 2019, S. 430–431). In Afrika hat es zwischen 1900 und 2000 eine Versiebenfachung der Gesamtbevölkerung gegeben, ohne dass die Fähigkeit der Gesellschaften im gleichen Maße mitgewachsen wäre, die Bewohner auf dem Wege produktiverer Landbewirtschaftungssysteme eigens zu ernähren. So drängen sich heute in zahlreichen Ländern Afrikas immer mehr Menschen auf kleiner und unergiebiger werdenden Agrarflächen bzw. in den überquellenden Mega-Cities des Kontinents – eine ideale Anlaufstelle für Corona-Viren.

Bedacht werden sollte auch, dass COVID-19 nicht die einzige Krankheit ist, unter der die afrikanische Bevölkerung zu leiden hat; vielmehr sind Ebola, Dengue- und Lassafieber, Tuberkulose, Cholera, Masern und nicht zuletzt *Malaria* chronische vorhandene Plagen, deren Bekämpfung nun durch die *Lockdowns* erschwert wird. Wenn sich Afrikas Bevölkerung bis zum Jahr 2050 tatsächlich – wie vielfach prognostiziert – von heute, 1,3 Mrd. auf 2,5 Mrd. Menschen vergrößern sollte (Smith, 2018), wird die weitere Verringerung der prekär gewordenen Lebensräume für Menschen, Tiere und Pflanzen auf dem Kontinent die logische Folge sein – kein Szenario für Erfolg versprechende Präventionsmaßnahmen zur

© Der/die Autor(en), exklusiv lizenziert durch Springer Fachmedien Wiesbaden GmbH, ein Teil von Springer Nature 2021
W.-C. Peters und R. Tetzlaff, *Wie Corona Afrika verändert*, essentials, https://doi.org/10.1007/978-3-658-35558-6_2

zukünftigen Verhinderung von Pandemien! Aber im Jahr 2021 geht es zuerst einmal um die Abwehr einer akuten Gefahr für ‚verwundbare' Gruppen in aller Welt und für weniger begüterte Völker des Globalen Südens, die bei diesem Menschheitsproblem auf die Solidarität der reicheren Staaten angewiesen sind.

Im April 2021 wandten sich daher der *Dalai Lama* und 100 weitere Nobelpreisträger und Nobelpreisträgerinnen in einem Brief an die Regierungschefs und forderten, der Naturzerstörung endlich ein Ende zu setzen – beginnend mit einem Ausstieg aus den fossilen Energien zur Eindämmung der Klimakrise. Auch die Pandemie wurde als ein *Resultat der Naturzerstörung* dargestellt; denn weil wildlebende Arten – in diesem Fall vermutlich Schuppentiere, die als Zwischenwirt bei der Übertragung von SARS-CoV2 von der Fledermaus auf den Menschen dienten – ihres Lebensraumes beraubt bzw. gejagt und gehandelt wurden, konnte das Virus leichter überspringen (was Zoonose genannt wird). Auch die Folgen von Pandemie und Klimakrise seien global, langfristig, vielschichtig und asymmetrisch; denn sie träfen die Verletzlichsten und Ärmsten besonders hart, verschärften soziale Ungleichheit, wirtschaftliche Not und Verschuldung. Insofern seien „Klimakrise und Pandemie Ausdruck eines globalen Marktversagens und führen zu einer Rückbesinnung auf die Bedeutung eines starken Staates, der unverzichtbar bleibt, um wesentliche Funktionen der Daseinsvorsorge – ob im Gesundheitswesen, bei der Bereitstellung kritischer Infrastruktur oder dem Schutz der Gemeingüter – zu garantieren" (Hirsch & Mattheß, 2021).

Die afrikanischen Gesellschaften sind von der Covid-19-Pandemie nicht völlig unvorbereitet getroffen worden; denn schon im Januar 2016 war auf der 26. Versammlung der Staatschefs der Afrikanischen Union das *Center for Disease Control* (CDC) gegründet worden, das seit Januar 2017 seine Arbeit in Addis Abeba aufgenommen hat. Es sollte die Mitgliedsländer bei der schnellen und effektiven Feststellung, Vorbeugung, Kontrolle und Bekämpfung von Krankheiten helfen und bestehende Defizite in den Bereichen Infrastruktur, Wissen, Monitoring und Labordiagnose ausgleichen. De facto kamen Implementationen solcher Zielsetzungen jedoch nur schleppend in Gang, weil es meistens an der Bereitschaft fehlte, knappe Finanzmittel für die Gesundheit der Bevölkerung und speziell für Prävention auszugeben. (*Dr. Ahmed Ogwell Ouma*, Vize-Direktor des CDC; In: NZZ vom 16.06.2021).

Auch in Afrika verlief die Corona-Pandemie in *Wellen* – verglichen mit anderen Kontinenten um Monate verzögert und anfangs mit geringen Infektions- und Sterberaten. Die ersten Fälle von COVID-19 auf dem afrikanischen Kontinent wurden am 14.02.2020 in Ägypten und am 28.02.2020 in Nigeria gemeldet (BBC News 15.02.2020 und 28.02.2020). Es dauerte nur rund drei Monate, bis mit Lesotho auch der letzte afrikanische Staat einen COVID-19 Fall gemeldet hatte. Waren die ersten Fälle auf Reisende oder Rückkehrer aus Staaten mit COVID-19 Fällen zurückzuführen, hatte das Virus Ende Mai 2020 begonnen, sich durch kommunale Ansteckung intern zu verbreiten, d. h. es hatte eine Eigendynamik entwickelt. Zunächst verlief die Verbreitung des Corona-Virus in den meisten afrikanischen Staaten – mit Ausnahme Südafrikas – (scheinbar) sehr langsam, was an mehreren, letztlich jedoch noch nicht vollkommen geklärten, Faktoren gelegen haben mag:

- Aufgrund der sehr jungen Bevölkerung (60 % der 1,3 Mrd. Afrikaner sind unter 25 Jahren) kam es vor allem während der ersten Welle zu einer hohen Rate asymptomatischer Verläufe, und selbst, wenn das Virus bereits kursierte, wurde es nicht wahrgenommen.
- Wegen der sehr geringen Testkapazitäten in allen afrikanischen Ländern (außer Südafrika) konnte schlichtweg nicht festgestellt werden, ob und in welchem Umfang sich Menschen in den verschiedenen Ländern tatsächlich infiziert hatten.
- Die im Vergleich mit Europa oder den USA geringere Mobilität in afrikanischen Gesellschaften (z. B. was das Fliegen betrifft) reduzierte die Möglichkeiten der Ansteckung mit dem Virus, wobei auch die strikt angeordneten Lockdowns in etlichen Staaten Wirkung zeigten.

Diese langsame Ausbreitung des Virus – erst Mitte 2020 wurde die Lage in mehreren Ländern kritisch – war von den meisten Experten so nicht erwartet worden. Vielmehr hätten die Lebensumstände der meisten Menschen in Afrika – beengter Wohnraum, hoch-frequentierte innerstädtische Transportvehikel, volle und enge Märkte, intensive soziale Interaktion – eigentlich als „Super-Spreader" wirken müssen. Warum sich dies während der ersten Welle der Corona-Pandemie nicht fatal auswirkte, muss noch erforscht werden. Von der ersten Welle am schlimmsten war Südafrika getroffen worden, gefolgt von den Maghreb-Staaten und Ägypten.

Nach der ersten noch relativ harmlosen Welle, die hauptsächlich in den Küstenländern und den Großstädten aller afrikanischen Staaten begonnen hatte, erfolgte im Herbst 2020 eine *zweite Welle,* die schon mehr Todesopfer forderte und die Behörden zu mehr Tests veranlasste. Zum Jahreswechsel 2020/2021 stiegen die Infektionen in Westafrika steil an, weil zu dieser Zeit viele Libanesen und Inder ihre Verwandten besuchen und große Familienfeste feiern (Claudia Bröll, Kapstadt: „Und dann kam die zweite Welle", in: FAZ vom 29.01.2021, S. 16). Die höchsten gemeldeten Corona-Fallzahlen betrafen die Länder, in denen es im Vergleich zum Rest des Kontinents relativ gute Gesundheitssysteme (und dadurch Testmöglichkeiten) gibt und ein Großteil der Bevölkerung in urbanen

Ballungszentren lebt. Mit dem Auftreten der südafrikanischen Beta-*Corona-Virus Mutation,* die der WHO am 18.12.2020 vom südafrikanischen Gesundheitsministerium gemeldet wurde, baute sich auch im südlichen Afrika eine zweite – steilere – Welle auf. Jetzt wurden zunehmend auch jüngere Menschen und bislang unberührte, weil abgelegene, Landesteile erfasst. Die Mortalität erhöhte sich rapide – im Januar 2021 um 40 % im Vergleich zum Vormonat -, und die Gesundheitssysteme in Ländern wie Simbabwe, Malawi oder Sambia stießen rasch an ihre Grenzen. Nur blieb aufgrund der geringen Anzahl von durchgeführten Tests unklar, wie weit das Virus in seinen Mutationen auf dem Kontinent bereits diffundiert war.

Nach Angaben von *Worldometer Information* vom 07.01.2021, betrug Afrikas Anteil an der Gesamtzahl aller Corona-Infizierten in der Welt nur 3,34 % (bei einem Anteil von knapp 15 % an der Weltbevölkerung; Acquaah et al., 2021, S. 2). Gleichzeitig ist in Afrika von einer hohen Dunkelziffer von Corona-Infizierten auszugehen, da beispielsweise Covid-19-Erkrankte oftmals auch als Malaria-Opfer ausgegeben werden. Angesichts der *dritten* Corona-Welle mit der hoch ansteckenden Delta-Variante im Sommer 2021 – besonders im Süden und Osten Afrikas – veröffentlichte Mitte Juni 2021 *Amnesty International* eine dramatische Warnung: Mehrere Länder des südlichen Afrikas, einschließlich *Namibia, Südafrika* und *Sambia,* befänden sich gegenwärtig „in der Mitte der bisher tödlichsten Welle". Der Mangel an Impfstoffen in einer Region mit hohen Werten von Armut und Ungleichheit würde bedeuten, „dass viele Menschen den Eindruck haben, dass sie nichts anderes tun als auf den Tod zu warten – ‚waiting to die'"[1].

Mit dem Anwachsen der Neuansteckungen in der dritten Welle ist der *Ruf nach dem starken Staat* lauter geworden. In **Uganda** ist Staatspräsident *Yoweri Museweni* dem nachgekommen und hat im Juni 2021 angesichts galoppierender Corona-Infektionen im ganzen Land scharfe Restriktionen erlassen. „Ab sofort" befände sich das Land „für 42 Tage im ‚totalen Lockdown", verkündete *Museweni* am 18.6.2021. Ugandas rund 45 Mio. Einwohner müssten zu Hause bleiben, lediglich Fahrzeuge, die wichtige Fracht oder kranke Menschen transportieren, seien auf der Straße zugelassen. Die Zahl der Neuinfektionen in Uganda war nach Angaben der *Africa CDC, der Gesundheitsorganisation der Afrikanischen Union (AU),* mit 11.704 Neuinfektionen an einem Tag so hoch wie nie zuvor. Deshalb habe die Regierung auch Nachbarländer um Sauerstoff gebeten, sagte die

---

[1] Vgl. https://www.amnesty.org/en/latest/news/2021/06/southern-africa-governments-must-urgently-ramp-up-covid19-vaccination-efforts-to-avoid-third-wave-catastrophe/.

Gesundheitsberaterin Musevenis, *Monica Musenero,* der Deutschen Presse-Agentur"; (Quelle: NZZ Corona Weltweit – Neueste Entwicklungen, vom 18.06.2021).

Auch bei dieser dritten Pandemie-Welle lässt sich die Dramatik weniger an den absoluten Zahlen als vielmehr an der Form der Welle und der sogenannten „positivity rate", d. h. dem Anteil der positiv getesteten an den insgesamt getesteten Menschen, ablesen. In *Sambia* z. B. erreichte diese Rate im Juni 2021 28 % – mehr als jeder Vierte, der getestet wurde, erwies sich als COVID-19 positiv![2].

Dies gilt in besonderer Weise für **Tansania,** wo Präsident *John Magufuli* die Corona-Gefahr schlicht leugnete, die Zählung und Bekanntmachung von Infizierten untersagte und behauptete, durch Gebete sein Land von der Pandemie befreit zu haben. Wenige Wochen später (am 18.03.2021) verstarb er in einer kenianischen Klinik – vermutlich an COVID-19. Magufulis Nachfolgerin wurde seine Vizepräsidentin *Samia Suluhu,* eine Muslimin aus Sansibar, die von vielen Menschen mit großen Hoffnungen begrüßt wurde. Nur vier Wochen nach Magufulis Tod erklärte die neue Präsidentin das Ende der Strategie des Nichtstuns gegen Corona: Tansania könne sich „nicht abschotten wie eine Insel", und ordnete wieder Schutzmaßnahmen an. Ihr Land könne aber, erklärte sie weiter, „auch nicht einfach alles annehmen, was uns angeboten wird, ohne dass wir gefragt werden"[3].

---

[2] Vgl.   http://znphi.co.zm/news/wp-content/uploads/2021/06/Zambia_COVID-Situational-Report-No-275_26June2021_Final.pdf.

[3] https://www.tagesschau.de/ausland/afrika/tansania-corona-101.html.

Ausbreitung der Pandemie im Jahr 2021 und zaghafter Beginn des Testens

Die Leiterin des *African Population and Health Research Center (APHRC)*, die Uganderin *Catherine Kyobutungi*, vertritt die Ansicht, dass der erschreckend steile Anstieg der Corona-Neuinfektionen in afrikanischen Ländern auf die neue *Delta-Variante* zurückzuführen sei, die bei einer weitgehend nicht geimpften Bevölkerung schwere Schäden anrichten würde. Außerdem fehle es in vielen Ländern an medizinischem Sauerstoff und Intensivbetten, erklärte auch *Mathsidiso Moeti*, WHO-Regionaldirektorin, (Nicola Abé, Sao Paulo: „Globale Pandemiebekämpfung: Die Reichen lassen sich impfen, die Armen sterben weiter", in: Spiegel Ausland – online, 19.06.2021). Wie dramatisch sich die Pandemie auf dem afrikanischen Kontinent ausbreitete, zeigt die folgende Abbildung (Abb. 3.1):

Die mittlerweile in vielen afrikanischen Ländern kursierende *dritte* Corona-Welle erfasst nunmehr auch vermehrt junge Menschen und verläuft dramatischer und tödlicher als die beiden vorausgegangenen Wellen. Aber auch für die dritte Welle sind die gemeldeten Inzidenzzahlen lediglich Ausdruck für die steigende Gefährlichkeit des Virus, nicht aber eine Abbildung des wahren Ausmaßes der Pandemie. Die absoluten Inzidenz-Zahlen zu Afrika sind irreführend, weil sie die vielen asymptomatischen Krankheitsverläufe unterschätzen und das ‚stille Leiden' der Erkrankten in den ländlichen Gebieten mangels Test-Ergebnissen kaum registrieren. Inzwischen sind die *Test-Kapazitäten* ständig ausgeweitet worden – dank der Bemühungen des CDC. Dennoch konzentrierten sich 80 % der bis August 2020 durchgeführten rund neun Millionen Tests auf nur zehn afrikanische Staaten. So wurden in *Südafrika* bis zum 09.03.2021 bereits 9,3 Mio. Tests durchgeführt; auf dem Höhepunkt der zweiten Welle im Januar 2021 bedeutete das eine tägliche Testung von gut 77.000 Menschen[1]. In *Malawi* dagegen, einem der ärmsten

---

[1] Vgl. https://mg.co.za/coronavirus-hub/ accessed am 10.03.2021.

W.-C. Peters und R. Tetzlaff, *Wie Corona Afrika verändert*, essentials, https://doi.org/10.1007/978-3-658-35558-6_3

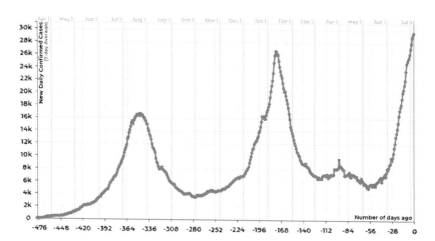

Abb. 3.1 Corona-Wellen in Afrika 2020/2021: Daily new confirmed COVID-19 cases, WHO Africa, 1 Apr 2020–5 July 2021. (Quelle: New COVID-19 Cases Worldwide – Johns Hopkins Coronavirus Resource Center (jhu.edu) DIVOC.com, Johns Hopkins University)

Länder der Welt und einem der vielen afrikanischen Länder mit einem bereits vor der Pandemie überforderten Gesundheitssystem, wurden bis zum 31.01.2021 lediglich rund 145.000 Tests insgesamt durchgeführt[2], während im benachbarten Kupferexport-Staat *Sambia* von Beginn der Pandemie bis Ende Juni 2021 immerhin rund 1,88 Mio. Tests praktiziert wurden[3].

Aufgrund der immer noch limitierten Testkapazitäten sind viele afrikanische Staaten dazu übergegangen, fokussiert das Gesundheitspersonal zu testen oder nur zu testen, wenn Symptome vorliegen. Wer sich etwa in *Malawi* als Privatperson testen lassen möchte, muss dafür rund 46 US$ bezahlen (PCR-Test)[4]; in *Sambia* kosten Schnelltests rund 24 US$. Diese Preisgestaltung beschränkt die Zielgruppe der Tests auf die obere Mittelschicht und auf Beschäftigte internationaler Firmen und Organisationen. Der gesamte ländliche Raum, in dem in den meisten Ländern 50–70 % der Bevölkerung leben, bleibt von den Tests ausgeschlossen.

---

[2] Vgl. *Malawi: Coronavirus Pandemic Country Profile – Our World in Data*; und UNICEF Malawi COVID-19 Situation Report: 15–31 January 2021 – Malawi | ReliefWeb.

[3] In Sambia sind Christian Peters Fälle bekannt geworden, in denen es mehr als 14 Tage dauerte, ehe die Getesteten über das Ergebnis informiert wurden.

[4] Vgl. COVID-19 Information | U.S. Embassy in Malawi.

Am Beginn der Pandemie war die Ausrüstung der Krankenhäuser mit ICU-Betten, Ventilatoren und Sauerstoffflaschen im Allgemeinen sehr dürftig, wie Forscherinnen und Forscher des amerikanischen *„Center for Disease Dynamics, Economics & Policy"* (CDCEP) im Mai 2020 enthüllten:

- Die durchschnittliche Zahl der gesamten Krankenhausbetten pro 100.000 Einwohner lag auf dem Kontinent bei 135; die verfügbare Bettenzahl war mit 203 im südlichen Afrika am höchsten und mit 64 am niedrigsten im westlichen Afrika.
- Die Zahl der verfügbaren ICU-Betten pro 100.000 Einwohner schwankte zwischen 1 Bett pro 100.000 Einwohner im westlichen, 6 Betten im zentralen Afrika und 3 Betten im südlichen Afrika.

Inzwischen hat sich die Situation in den Krankenhäusern etwas verbessert, unter anderem deshalb, weil externe Regierungen wie die der USA und der Europäischen Union Finanzmittel für den Ankauf von Geräten zur Verfügung stellten und weil lokale Firmen ihre Produktion umstellten (wie in Südafrika) und begannen, selbst Ventilatoren herzustellen[5].

---

[5] Vgl. Reuters, 31.07.2020: South Africa produces its first ventilators to fight COVID-19 https://www.reuters.com/article/us-health-coronavirus-safrica-ventilator-idINKCN24 W1VD.

Afrikas mangelnder Zugriff auf Impfstoffe gegen COVID-19 und Misstrauen der Bevölkerung gegen Vakzine aus dem Westen

4

Der sprunghafte Anstieg der Corona-Zahlen in Teilen Afrikas könnte – nach Ansicht der *Weltgesundheitsorganisation (WHO)* – auch eine Folge der ungleichen Impfstoffverteilung sein. Die Zahl der Neuinfektionen hatte sich im Juni 2021 in *Liberia, Namibia, Sambia, Simbabwe und Rwanda* in einer Woche verdoppelt, teilte WHO-Krisenkoordinator *Mike Ryan* in Genf mit. „Wir sind dabei, einen hohen Preis für diese Ungerechtigkeit zu zahlen" (NZZ Corona Weltweit – Neueste Entwicklungen, vom 16.06.2021). Bisher wurden 70 % der Covid-19-Impfdosen in zehn der reichsten Länder der Welt verimpft. 60 % der Dosen, die bestellt und verkauft wurden, stehen nur 16 % der Weltbevölkerung zur Verfügung. Bis Mitte Juni 2021 hatten lediglich 30 Mio. Impfdosen Afrika erreicht – von weltweit verimpften rund 2,8 Mrd. Dosen[1]. Dies wird nicht nur als große Ungerechtigkeit gegenüber dem globalen Süden wahrgenommen[2], sondern zunehmend auch als langfristige Bedrohung der Gesundheit aller Länder. Denn das Corona-Virus mutiert besonders dort rasch, wo es sich ungehindert bei Nicht-Geimpften ausbreiten kann, wie die Delta-Variante demonstriert hat. Dieser ‚Impfnationalismus' der Reichen sei für die Menschen in Entwicklungsländern nicht akzeptabel, meinte auch der Bundesminister für Entwicklung und Zusammenarbeit *Gerd Müller.* Ziel müsse es vielmehr sein, mindestens 20 % der Menschen in Afrika bis Jahresende zu impfen, aber es fehle an Impfstoff und an Geld, zurzeit noch 22 Mrd. US$ (G. Müller, NZZ-Interview mit René Höltschi & Hansjörg Friedrich Müller, Berlin, vom 03.04.2021).

---

[1] Vgl. https://www.bloomberg.com/graphics/covid-vaccine-tracker-global-distribution/

[2] Siehe etwa die Diskussion dazu zwischen Jose Manuel Barroso (Board Chair GAVI) und Strive Masiyiwa (African Union Special Envoy to the African Vaccine Acquisition Task Team), organisiert vom Milken Institute, 22.06.2021; www.milkeninstitute.org/video/covid-vaccines-global-coordination

W.-C. Peters und R. Tetzlaff, *Wie Corona Afrika verändert*, essentials, https://doi.org/10.1007/978-3-658-35558-6_4

Den Behörden macht auch die weit verbreitete *Impfskepsis* der afrikanischen Bevölkerung zu schaffen; so seien z. B. in *Namibia* 80.000 der vorhandenen Impfdosen noch nicht eingesetzt worden – mangels impfwilliger Bürgerinnen und Bürger. Darin spiegelt sich ein Misstrauen der Bevölkerung gegenüber der Regierung und den aus dem Ausland kommenden Impfstoffen wider, das nicht ganz unberechtigt ist, da die Regierung eine zuverlässige Versorgung der Bevölkerung mit Impfstoffen nicht garantieren kann. Die Sorgen vor Nebenwirkungen (z. B. vor dem Risiko von Hirnvenenthrombosen bei AstraZeneca) vermischen sich mancherorts mit einem Gewöhnungseffekt. Wer z. B. in einer südafrikanischen Township oder einem von Milizen tyrannisierten Dorf in Ostkongo lebt, fürchtet Jobverlust, Malaria, Hunger oder die lokale Rebellenmiliz mehr als das Corona-Virus, das viele immer noch für eine Krankheit der Weißen halten. Entsprechend schnell verbreiten sich Verschwörungserzählungen und Fake-News (vgl. Andrea Böhm, „Die Angst vor dem Impfstoff", in: FAZ vom 12.05.2021, S. 31). In *Kenia* sträubte sich die Hälfte der 400.000 Menschen, die im Gesundheitswesen arbeiten, gegen den Astra-Zeneca Impfstoff[3]. *John Nkengasong,* der Direktor des *CDC,* hofft, dass bis Ende des Jahres 2022 ca. 60 % aller Afrikanerinnen und Afrikaner geimpft sein werden (The Economist, 6.–12.02.2021, S. 24) – eine sehr optimistische Erwartung, wenn man das niedrige Ausgangsniveau von 2 %–3 % heute bedenkt.

Eine Studie des Hamburger *German Institute of Global and Area Studies (GIGA)* untersuchte anlässlich der Ebola-Epidemie 2014–2016 in *Guinea, Liberia* und anderen Ländern den Zusammenhang zwischen *Vertrauen* der Bevölkerung in die Politik ihrer Regierung und deren Bereitschaft, sich impfen zu lassen. Während in demokratisch regierten Ländern wie *Ghana und Senegal* die Bereitschaft der befragten Bürgerinnen und Bürger recht hoch war, war sie in schwach regierten Ländern wie *Malawi und Nigeria* deutlich niedriger. In ihnen war dann später auch die Bereitschaft, den Anordnungen zum Testen und Impfen gegen Covid-19 zu folgen, gering: So glaubten zum Beispiel drei von fünf *Liberianern,* dass Zitronen und Vitamin C vor Covid-19 schützen würden (Hartwig & Hoffmann, 2021, S. 7).

---

[3] Im Kampf gegen das Corona-Virus setzen *afrikanische* Länder seit Mitte Mai 2021 „auch bis zu 300 Mio. Dosen des russischen Impfstoffs Sputnik V ein. Die bisher beschafften 270 Mio. Dosen von AstraZeneca, Pfizer/Biontech und Johnson & Johnson seien bereits von den 55 Mitgliedsstaaten der Afrikanischen Union gebucht worden" (NZZ Corona Weltweit – Neueste Entwicklungen, vom 16.06.2021).

COVAX und die Nord-Süd-Kontroverse um die Freigabe der Patentrechte auf Medikamente

5

Große Hoffnungen setzten afrikanische Regierungen auf einen fairen Anteil bei der Verteilung der Impfdosen, als die Industriestaaten auf der G7-Tagung in *Cornwall/Großbritannien* am 14. Juni 2021 versprachen, Entwicklungsländern zusätzlich 2,3 Mrd. Impfstoffe und einen Infrastrukturfonds für Entwicklungsländer zu schaffen. Um den globalen Süden nicht gänzlich von der Versorgung mit Impfstoff auszuschließen, hat die WHO zusammen mit den privat-öffentlichen Impfstoff-Allianzen Gavi[1] und CEPI[2] eine neue Finanz-Fazilität gegründet, an der bisher 190 Länder ihre Zusage gegeben haben. COVAX (*Covid-19 Vaccines Global Access*) soll möglichst viele Impfstoffdosen bei Herstellern kaufen und diese allen bedürftigen Mitgliedern zuteilen sowie die eigene Herstellung von Impfstoffen ermöglichen. In Südafrika soll nun die erste Produktionsanlage für Corona-Impfstoffe entstehen, die möglicherweise schon im September 2021 liefern kann. Auch in Casablanca/Marokko ist eine solche Anlage in Planung. In Deutschland setzte sich der Bundesminister *Gerd Müller* für COVAX nachdrücklich ein: „Wir besiegen die Pandemie nur weltweit oder gar nicht. Es genügt nicht, wenn wir in Europa das Virus im Griff haben, sonst kommt es morgen mit einem Flugzeug oder Container zurück. Nur eine weltweite Impfkampagne ist der Weg aus der Krise. Das ist nicht nur eine humanitäre Verpflichtung, sondern auch ein Eigeninteresse… Wir dürfen nicht denselben Fehler machen wie in den 1990er Jahren bei der Bekämpfung von HIV, als wir die Armen zurückließen" (Müller, 2020, S. 11).

---

[1] Gavi ist eine öffentlich-private Impfallianz mit Sitz in Genf, die zum Ziel hat, vor allem Kindern in Entwicklungsländern den Zugang zu Impfungen gegen vermeidbare lebensbedrohliche Krankheiten zu erleichtern.

[2] CEPI = *Coalition for Epidemic Preparedness Innovations* wurde 2016 in Davos gegründet, von der Bill & Melinda Gates Foundation und der indischen Regierung.

Allerdings lehnte der Minister die Forderungen von Indien und Südafrika, den Patentschutz für Covid-19-Medikamente und Impfungen für die Dauer der Pandemie aufzuheben, ab, mit der fragwürdigen Begründung: „Statt Zwangslizenzen brauchen wir freiwillige Kooperationen der Impfstoffhersteller mit möglichen Produzenten, auch in Asien und Afrika, um die Produktionskapazitäten zu erweitern. Denn wir müssen an die Zukunft denken: Mutationen können dazu führen, dass Menschen, die jetzt geimpft sind, nächstes Jahr erneut geimpft werden müssen. Die neue WTO-Chefin *Ngozi Okonjo-Iweala* und ich sprechen uns auch klar gegen Exportrestriktionen aus." (G. Müller, NZZ-Interview mit René Höltschi & Hansjörg Friedrich Müller, Berlin, vom 03.04.2021).

Auch aus Sicht des deutschen Corona-Managements gäbe es gute Gründe, den Patentschutz nur im Ausnahmefall aufzugeben; denn er stelle einen zentralen Anreiz für Innovationen und Investitionen in die Forschung dar, die gleichzeitig die Grundlage für große Firmengewinne darstellen würden. Zu berücksichtigen sei auch, dass durch die allgemeine Patentfreigabe das Vertrauen in das Versprechen der WTO, Eigentumsrechte zu schützen, gestört wäre. „Für die künftige Bereitschaft von Geldgebern, in essentielle Innovationen zu investieren, hätte das massive Folgen" (Braun, 2021, S. 10). Im Widerspruch zu dieser Haltung setzt sich der WHO-Chef *Tedros Adhanom Ghebreyesus* dafür ein, den Widerstand von *Big Pharma* gegen die Medikamenten- und Patentfreigabe zu überwinden, um den 85 armen Ländern vor dem Jahr 2023 einen angemessenen Zugang zu Impfstoffen gegen Corona zu verschaffen. „Ein Jahr Verzögerung bei der Impfkampagne könnte 2,5 Mio. vermeidbare Tote kosten" (Quelle: Informationsbrief Weltwirtschaft & Entwicklung, Nr. 02–03/2021 – www.Weltwirtschaft-und-entwicklung.org). Es sieht momentan nicht danach aus, als ob die COVID-19-Krise zu einem internationalen Umdenken zugunsten der Verwirklichung von „Gesundheit als Menschenrecht" führen würde (Hanrieder, 2020, S. 37; Krennerich, 2020, S. 26). Der nationale Egoismus auch in dieser Frage ist noch immer vorherrschend, wobei nicht außer Acht gelassen werden sollte, dass sich auch während der Corona-Pandemie auf allen Kontinenten geopolitische Rivalitäten fortgesetzt, teilweise sogar verschärft, haben (Näheres dazu bei Hauser, 2021, S. 70 f.).

Fassen wir zusammen: Afrikanischen Regierungen fehlte es nicht nur an den finanziellen Mitteln, um Impfstoffe auf dem Weltmarkt zu bestellen, sondern auch an der Voraussicht, sie rechtzeitig zu bestellen. Zudem mangelte es häufig an der notwendigen Impf-Infrastruktur (Kühlhäuser), um größere Kampagnen zumal mit sehr empfindlichen Impfstoffen wie dem von BionTec/Pfizer ausführen zu können. Über vier Kanäle versuchen afrikanische Staaten an Impfstoffe zu gelangen:

1. Über die internationale Impf-Initiative COVAX
2. Mithilfe von der Afrikanischen Union gebündelter Ankäufe von Impfstoffe aus ganz diversen Ländern
3. Durch Schenkungen oder durch Ankäufe von chinesischen und/oder russischen Impfstoffen (Marokko, Algerien, Tunesien, Ägypten), die aber von der WHO noch nicht zugelassen sind (KAS, 2021)
4. Durch direkte Ankäufe auf dem (Welt)Markt.

Die Interdependenz der Lebensräume in einer globalisierten Weltgesellschaft hat die Industriestaaten zu dem Versprechen genötigt, den ärmeren Ländern 1 Mrd. Impfdosen innerhalb eines Jahres zur Verfügung zu stellen – entweder direkt wie durch die USA (500 Mio. Dosen), Großbritannien (100 Mio. Dosen) oder Deutschland, Schweden, Frankreich und Italien (je 100 Mio. Dosen) oder durch die Bereitstellung von Finanzierungshilfen wie etwa seitens der EU (bis zu 1,5 Mrd. EUR) und Japan (1 Mrd. USD)[3]. Davon dürfte ein Großteil via COVAX nach Afrika gehen, wo die Afrikanische Union die Verteilung an ihre Mitgliedsstaaten koordiniert. Aus all dem lässt sich schlussfolgern, dass der afrikanische Kontinent aus der Bittsteller-Position bei Vakzinen nur herauskommen kann, wenn es gelingt, eigene Impfstoffproduktionen aufzubauen. Die ersten Schritte hierzu sind gemacht: Die Firma *Johnstone/Johnstone* hat angekündigt, 400 Mio. Dosen ihres Impfstoffes in Südafrika produzieren zu wollen[4]. Abgesehen von *Südafrika* besitzen auch *Ägypten*, *Marokko, Tunesien und der Senegal* die Voraussetzungen, um den Eigenbedarf an Impfstoffen[5] durch Eigenproduktion decken zu können – in einigen Jahren.

---

[3] Vgl. https://www.bbc.com/news/world-55795297.
[4] Vgl. www.milkeninstitute.org/video/covid-vaccines-global-coordination und South Africa: SA to Become Africa's First Vaccine Manufacturing Hub – allAfrica.com.
[5] Vgl. What Is Africa's Capacity to Make Its Own Vaccines? (globalcitizen.org).

Die Politik des Umgangs mit Cocid-19: drei Fallstudien Sambia, Äthiopien und Südafrika

Dem Anschein nach haben viele afrikanische Länder die Corona-Epidemie bisher besser bewältigt als einige andere Länder des Global South wie Brasilien (mit insgesamt 522.000 Toten, bis Anfang Juli 2021), Mexiko oder Philippinen. Indonesien mit seinen 270 Mio. Einwohnern hat mit 31.189 Neuinfektionen an einem Tag (dem 6. Juli 2021) einen Höchstwert erreicht – Ergebnis der rasanten Verbreitung der Delta-Variante des Corona-Virus (Till Fähnders: „Der Tsunami fängt erst an", in: FAZ vom 07.07.2021, S. 7). Solche Dimensionen sind in Afrika bisher noch nicht gemeldet worden, aber das aktuelle Infektionsgeschehen in *Namibia* lässt aufhorchen: Mit 837 Neuinfektionen pro Kopf in den letzten 14 Tagen pro 100.000 Einwohner erreichte Namibia weltweit den höchsten Wert (NZZ-Statistik „Corona weltweit", am 14.07.2021). Im Folgenden soll das Regierungs- und Gesellschaftshandeln – in einem Wort *Governance* – von drei afrikanischen Ländern näher untersucht werden – von den politischen Schwergewichten Südafrika und Äthiopien, sowie von Sambia, das als ein typischer Fall für die staatlichen Defizite eines Subsahara-Landes angesehen werden kann.

6.1 Fallstudie Sambia

Überblick über Sambia als Entwicklungsland

Sambia ist ein seit 1964 unabhängiger Staat im südlichen Afrika, der rund 750.000 km^2 groß ist und knapp 19 Mio. Einwohner hat. Ein großer Teil der Bevölkerung lebt entlang der *„line of rail"*, die sich von den Viktoria-Fällen an der Grenze zu Simbabwe über die Hauptstadt Lusaka bis in den rund 950 km entfernten sogenannten „Kupfergürtel" erstreckt. Sambias Wirtschaft beruht auf vier Säulen: Kupfergewinnung und-export, Landwirtschaft, Dienstleistungen und

© Der/die Autor(en), exklusiv lizenziert durch Springer Fachmedien Wiesbaden GmbH, ein Teil von Springer Nature 2021
W.-C. Peters und R. Tetzlaff, *Wie Corona Afrika verändert*, essentials,
https://doi.org/10.1007/978-3-658-35558-6_6

Tourismus. Der internationale Kupferpreis und die jährliche Niederschlagsmenge bestimmen auch 57 Jahre nach der Unabhängigkeit immer noch den Zustand der sambischen Volkswirtschaft.

Trotz der 2011 erfolgten Einstufung als „Lower Middle Income Country"

- leben 57,5 % der Sambier immer noch unterhalb der Armutsgrenze;
- sind Hunger und Mangelernährung vor allem aufgrund der klimatischen Veränderungen weiterhin ein ernstes Problem; und
- finden knapp 90 % der Beschäftigten in Sambia ein Auskommen im informellen Sektor einschließlich des landwirtschaftlichen Subsistenzsektors.

Seit 2011 hat die internationale **Verschuldung** des Landes von knapp 2 Mrd. USD auf rund 11,2 Mrd. USD (oder 48 % des BSP) rapide zugenommen[1]. Die Corona-Krise traf Sambia, als das Land fiskalisch dicht vor dem Offenbarungseid stand, den es schließlich im November 2020 ablegen musste, als es seinen Zahlungsverpflichtungen gegenüber einem EURO-Bond nicht mehr nachkam.

Pandemie-Verlauf und Gegenmaßnahmen:
Die **ersten Corona-Fälle** traten in Sambia im Zusammenhang mit Rückkehrern aus Risikogebieten im März 2020 auf. Wegen zunächst fehlender Testmöglichkeiten gab es keine Möglichkeit, die Verbreitung des Virus zu verfolgen. Die Regierung reagierte nach dem Auftreten der ersten Fälle mit einem weitgehenden Lockdown: die Grenzen wurden bis auf den Warenverkehr gesperrt, ebenso die Flughäfen, bis auf Lusaka; in Hotspots wurden Ausgangsverbote verhängt und landesweit Bars, Restaurants und Casinos geschlossen; öffentliche Veranstaltungen und große Feiern wurden untersagt. Der soziale und vor allem wirtschaftliche Unmut in den urbanen Teilen der sambischen Gesellschaft veranlasste die Regierung, die Beschränkungen bald wieder zu lockern mit der Konsequenz, dass das Land seitdem von drei immer höheren **Corona-Wellen** erfasst wurde (siehe auch Abb. 6.2): die erste relativ schwache Welle von Mitte Juli bis Mitte September 2020; eine zweite bereits deutlich stärkere Welle von Ende Dezember 2020 bis Mitte März 2021; und eine dritte nochmals heftigere Welle seit Mitte Mai 2021 (Abb. 6.1).

Erst die dritte Welle brachte die Regierung dazu, wieder Versammlungsrestriktionen, die Schließung von Geschäften und Beschränkungen von religiösen und privaten Feiern zu verfügen. Bis dahin herrschten in der Gesellschaft einerseits weitgehend Unwissen über die Gefährlichkeit und die Ansteckungswege des Virus

---

[1] Vgl. www.reuters.com/article/zambia-debt-creditors-idUSL8N2I22D4 und https://tradingeconomics.com/zambia/government-debt.

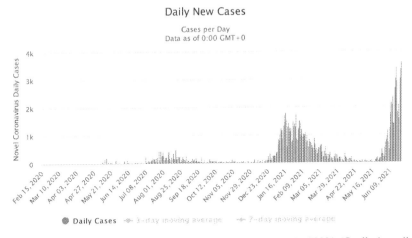

Abb. 6.1   COVID-Ansteckungen in Sambia von Februar 2020 bis Juni 2021. (Quelle: https://www.worldometers.info/coronavirus/country/zambia/)

vor und andererseits falsche Informationen, verbreitet durch (unverantwortliche) Kommentare in sozialen Medien und von pfingstkirchlichen Sekten. Dadurch trugen nur wenige Menschen Masken, hielten die erforderlichen Abstände ein[2] und befolgten Hygiene-Regeln. Der Verbreitung der hoch-ansteckenden Delta-Variante des Virus waren dadurch kaum Grenzen gesetzt.

Eine Studie[3] ergab, dass die wirkliche Inzidenz in Sambia bereits vor der ersten Welle 2020 bis zu 92mal höher als die offiziell gemeldeten Corona-Fälle gelegen haben könnte. Solange sich das „ursprüngliche" Virus verbreitete, blieb in Sambia das Ausmaß der Virus-Verbreitung aufgrund der begrenzten Tests und des asymptomatischen Verlaufs der Krankheit weitgehend unentdeckt. Dennoch stieg bereits in der Frühphase der Pandemie die **Sterblichkeit**[4]. Die Behörden gehen mittlerweile

---

[2] Was angesichts der Enge in den Unterkünften, im öffentlichen Transportwesen und auf den für die Versorgung essenziellen Märkten auch extrem schwierig ist.

[3] Vgl. https://www.bloomberg.com/news/articles/2021-03-10/zambian-covid-19-cases-may-have-been-92-times-more-than-reported.

[4] Vgl. https://www.news-medical.net/news/20210218/Zambia-study-casts-doubt-on-the-assumption-that-COVID-19-skipped-Africa.aspx. Die Studie belegt, dass von Juni und September 2020 zwischen 15–19 % aller Todesfälle im größten Krankenhaus Lusakas auf COVID-19 zurückzuführen waren.

davon aus, dass nur etwa 20 % der COVID-Sterbefälle (bis zum 11.07.2021 waren es offiziell 2.822) auch gemeldet werden[5].

Bereits im August/September 2020 waren die wenigen modernen Krankenhäuser rasch ausgelastet, und eine Reihe von Politikern erkrankte oder starb am Virus. Das wiederholte sich während der beiden folgenden Wellen. Mit dem Anschwellen der dritten Welle[6] seit Mitte Mai 2021 wurde nicht nur die **Fragilität der sambischen Gesundheitsversorgung** deutlich, sondern auch die **Überforderung der Politik,** vorausschauend zu planen und geeignete Gegenmaßnahmen zu treffen. Es gab weder ausreichend Betten für Intensivpatienten noch ausreichend Sauerstoff[7]; ländliche Gebiete waren völlig unterversorgt, da die modernen Gesundheitseinrichtungen alle in Lusaka und auf dem *Copperbelt* konzentriert sind; die Impfkampagne begann langsam, erst mit dem Eintreffen von 228.000 Dosen des AstraZeneca und einer kleineren Menge des chinesischen *Sinopharm*-Impfstoffs im April 2021. Mitte Juli 2021 waren lediglich rund 150.000 Menschen erst- und 41.000 zweit-geimpft.

Aufgrund der angespannten fiskalischen Position des Landes war und ist Sambia stark auf externe Hilfe bei der **Beschaffung von Impfstoffen** angewiesen. Hierbei konnte das Land auf 25 Mill. US$, finanziert von der Weltbank unter dem *"Zambia COVID-19 Emergency Response and Health Systems Preparedness Project"*, zurückgreifen; zwei weitere Kredite (über 14 Mill. US$ von der International Development Association (IDA) und über 10 Mill. US$ als Geschenk der *"Global Financing Facility for Women, Children and Adolescents"* (GFF), befinden sich im Stadium der Bewilligung[8]. Damit sollen bis September 2021 4,4 Mill. Impfdosen von Johnstone&Johnstone erworben werden[9]. Sollte die Verbreitung der Delta-Variante bis dahin in einem ähnlichen Tempo wie bisher anhalten, käme eine Impfung für viele Sambier wohl zu spät.

---

[5] Vgl. www.facebook.com/groups/lusakahelps/posts/489715828994290/

[6] Die 3.Welle hat beim Verfassen des Artikels Ende Juni 2021 ihren Höhepunkt in Sambia noch nicht erreicht. Der weitere Verlauf ist noch nicht absehbar.

[7] Mit der Folge, dass einzelne Apotheken, die frühzeitig Sauerstoff-Flaschen geordert hatten, nunmehr ihre Vorräte meistbietend verkauften. Wie kritisch die Versorgungslage mit Sauerstoff ist, unterstreichen die Spenden von Unternehmen, Privatleuten und der deutschen KfW zusammen mit UNICEF.

[8] Vgl. World Bank (2021), Additional Financing for the Zambia COVID-19 Emergency Response and Health Systems Preparedness Project (P176400). Project Information Document (PID), Appraisal Stage I Date Prepared/Updated: 27-May-2021 I Report No: PIDA31628. mimeo.

[9] Vgl. Republic of Zambia, Ministry of Health, Statement on COVID-19 in Zambia, Lusaka,22.06.2021, p2. mimeo.

Auswirkungen

Die sambische Regierung hatte in den Jahren vor Beginn der Pandemie das Land in eine korruptionsbedingte Verschuldungsspirale geführt, sodass auch ohne die Auswirkungen der COVID-Pandemie das Land in eine schwere fiskalische Krise geraten wäre. Dennoch verstärkten sich während der Pandemie Sambias wirtschaftliche und soziale Probleme[10]:

- Die Produktion in der verarbeitenden Industrie brach ebenso stark ein wie der Dienstleistungs- und Tourismussektor.
- Nahezu die Hälfte von 416 befragten Betrieben im formellen Wirtschaftssektor befürchtete, im Jahr 2021 schließen zu müssen.
- Die bereits zuvor bedenklichen Armutskennziffern stiegen aufgrund von durchschnittlich Arbeitsplatzverlusten im Dienstleistungsgewerbe (30,6 %), verarbeitenden Gewerbe (39 %) und im Tourismussektor (70 %) weiter an.
- Das fiskalische Defizit wuchs von 8,3 % des BIP in 2019 auf 11 % in 2020 an.
- Die öffentlichen Schulden Sambias stiegen von 91,6 % des BIP in 2019 auf 104 % in 2020.

Jedoch profitiert Sambia zumindest indirekt auch in zweierlei Hinsicht von den Auswirkungen der Corona-Pandemie. Erstens erhöhten sich 2020 die Überweisungen aus dem Ausland *(remittances)* um 37 %, während sie für Sub-sahara-Afrika um 42 Mrd. US\$ sanken[11]. Zweitens stiegen mit dem Abflauen der weltweiten Nachfrage-Krise die Preise für Rohstoffe signifikant an und erreichten für Kupfer – dem Hauptexportprodukt Sambias – im Mai 2021 mit US\$ 4,9 pro Pfund[12] einen neuen Rekord, was einem Preisanstieg von rund 50 % gegenüber 2019 entspricht.

Politisch ereignet sich die Corona-Pandemie für die Regierung zum denkbar ungünstigsten Zeitpunkt: kurz vor den für den 12.August 2021 vorgesehenen Wahlen. Die Regierung des seit 2015 amtierenden und 2016 nur mit einer knappen

---

[10] Vgl. African Development Bank (2021), Zambia Economic Outlook https://www.afdb.org/en/countries-southern-africa-zambia/zambia-economic-outlook.

[11] Vgl. https://www.worldbank.org/en/news/press-release/2021/05/12/defying-predictions-remittance-flows-remain-strong-during-covid-19-crisis. The shift from informal to formal channels due to the closure of borders explains in part the increase in the volume of remittances recorded by central banks.

[12] Vgl. https://tradingeconomics.com/commodities/copper (accessed 27.06.2021) und https://impactcapafrica.com/wp-content/uploads/2020/08/COVID-19-Zambian-Business-Impact-Report-SMALL.pdf.

Mehrheit bestätigten Präsidenten *Edgar Lungu* bekam die sich verstärkende Pandemie und ihre ökonomischen Auswirkungen immer weniger in den Griff und büßte daher zunehmend an Popularität ein[13]:

- Die Corona-Pandemie trug zu starken Preiserhöhungen in der Grundversorgung bei, was vor allem die armen Bevölkerungsschichten in den urbanen Ballungszentren – bislang Hochburgen der Regierungspartei – traf.
- Die offensichtliche Unfähigkeit der Regierung, eine ausreichende Gesundheitsversorgung zu organisieren, gekoppelt mit Korruptionsvorwürfen gegen den mittlerweile suspendierten Gesundheitsminister, der sich am Import von COVID-Schutzausrüstungen bereichert haben soll, hat das Vertrauen der Wähler in die Regierung weiter untergraben.
- Die Suspendierung von Wahlkampagnen Anfang Juni 2021 durch die Regierung kam wahrscheinlich zu spät, um die starke Verbreitung der Delta-Variante des Virus noch zu stoppen. Zugleich beraubte dies der Regierungspartei ihrer wirksamsten Methode, Wähler zu gewinnen bzw. einzuschüchtern. Wie in vielen afrikanischen Hybrid-Demokratien dienen auch in Sambia Wahlkämpfe dazu, Wähler durch Geld- oder Sachgeschenke zu mobilisieren und in oppositionellen Hochburgen durch Einschüchterung von der Wahl abzuhalten. Es bleibt abzuwarten, wie die Suspendierung der Wahl-Kampagnen das Wahlergebnis beeinflussen wird.

6.2   Fallstudie Äthiopien

Zur jüngeren Geschichte des Vielvölkerstaates: Viele Europäer assoziieren mit Äthiopien seine tausendjährige christliche Hochkultur von Aksum und der legendären Königin von Saba; ferner die aus Stein gehauenen Kirchen von Lalibela; die bildergeschmückten Mönchsklöster im Tana-See; die Quellen des Blauen Nils (mit dem modernen Riesenstaudamm GERD, der nun zu Konflikten mit Sudan und Ägypten um die Aufteilung des Nilwassers geführt hat); die Zeremonie des Kaffee-Kochens in diesem Ursprungsland des Kaffees; oder den Widerstand des letzten Kaisers, des ‚Löwen von Juda', *Haile Selassie,* gegen den italienischen Kolonialismus. Mit mehr als 110 Mio. Einwohnern ist der 90 Ethnien umfassende Vielvölkerstaat hinter Nigeria der zweit-bevölkerungsreichste Staat

---

[13] Vgl. Jeremy Seekings and Hangala Siachiwena (2021), Voting preferences among Zambian voters ahead of the August 2021 elections. University of Cape Town, Institute for Democracy, Citizenship and Public Policy in Africa (IDCPPA) Working Paper No 27, June 2021.

Afrikas. Es ist ein Land mit vielen Gesichtern: Während es auf der einen Seite durch seinen Reichtum an kultureller Vielfalt und seiner natürlichen Schönheit zu faszinieren vermag und als einzige Nation Afrikas neben Liberia nicht dem europäischen Kolonialismus zum Opfer fiel, gehört es auf der anderen Seite nach wie vor zu den ärmsten Ländern der Welt und wird immer wieder von Hungersnöten, Dürren, Überschwemmungen und Bürgerkriegen zwischen seinen Völkern erschüttert. Seit November 2020 findet ein mit Kampfflugzeugen und Panzern geführter kriegerischer Machtkampf zwischen der Zentralregierung unter Premierminister *Abiy Ahmed* und dem rebellischen Bundesland Tigray statt, der zu Hunderttausenden von Flüchtlingen aus Tigray nach Sudan und zu sehr hohen Verlusten an Menschenleben auf allen Seiten geführt hat.

Vor der Corona-Krise lag der Anteil der Armen bei 30 % und das Bevölkerungswachstum bei 2,42 % jährlich. In der schnell wachsenden Hauptstadt Addis Abeba leben heute 4,4 Mio. Menschen. Nur etwa die Hälfte der ländlichen Bevölkerung (57 %) hat Zugang zu sauberem Trinkwasser, und auf 100.000 Menschen kommt ein Arzt. Das Land ist multi-religiös: 43,5 % der Einwohner sind christlich-orthodox, 33,9 % sind Muslime und 18,5 % sind Protestanten[14]. Unter der nicht-demokratischen Koalitionsregierung EPRDF (1991–2018) hat Äthiopien beachtliche Wirtschaftserfolge erzielt (Diversifizierung der Wirtschaft, Ausbau des Bildungssystems und des Verkehrs- und Energienetzes)[15], konnte aber seiner Jugend keine hinreichenden Aussichten auf Jobs und ein besseres Leben in Sicherheit bieten. Schon vor Ausbruch der Corona-Krise gab es 11 Mio. Arbeitslose (Abbink 2020, S. 9), und 8,3 Mio. Menschen waren abhängig von Nahrungsmittelhilfe in einer Größenordnung von 1,3 Mrd. US$ (Abbink 2020, S. 10). Seit November 2020 findet ein Bürgerkrieg in und um den Bundesstaat Tigray statt (s. u.).

Pandemie-Verlauf und Gegenmaßnahmen:

Seit März 2020 wurde vonseiten der äthiopischen Regierung die Gefährdung der Bevölkerung durch das Corona-Virus zur Kenntnis genommen und die ersten Hygienemaßnahmen (Mund-Nasenschutz) verordnet, was in den größeren Städten auch zögerlich befolgt wurde. Nach der Bestätigung des ersten Covid-19-Falles am 12. März kam stellenweise Panik auf. Für viele Menschen war Corona „vor

---

[14] https://www.menschenfuermenschen.de/wirkung/zahlen-und-fakten/aethiopien-im-ueb erblick/?gclid=CjwKCAjw_o-HBhAsEiwANqYhp4j-R6A6FCOFchkFesI7Kw12sSD6Z-s_nR5CbLaBgVTNal4N-_1V7hoCiZYQAvD_BwE.

[15] Siehe „Vom Hungerland zum Hoffnungsträger. Wird Äthiopien zum Vorbild für den afrikanischen Aufschwung?". Berlin-Institut für Bevölkerung und Entwicklung, Berlin September 2018.

allem eine Gefahr von außen": Das durch den Virus verursachte Lungenleiden wurde zunächst als ‚ausländische' und ‚chinesische' Krankheit bezeichnet. Der erste bestätigte Fall soll ein japanischer Staatsbürger gewesen sein, auch die nächsten bekannten Fälle hatten allesamt eine ‚Reisegeschichte'. „In der Folge wurden Ausländer mehrfach von Mitfahrern in Minibussen ausgeschlossen, teilweise auch auf der Straße bedroht und angegriffen" (Manek & Meckelburg 2020, S. 51).

Das Verbot der Begrüßungszeremonie, sich bei der Begrüßung die Hände zu geben und gemeinsam von einem Teller zu essen, bewirkte große, kulturell bedingte Akzeptanzprobleme. Deshalb forderte der Premierminister am 23. März 2020 per Twitter die Bevölkerung auf, die Regeln des *Social Distancing* unbedingt einzuhalten. Auch das für die orthodoxen Christen so wichtige Osterfest durfte nur im kleinen Familienkreis gefeiert werden, und ebenso mussten diesmal die Muslime darauf verzichten, im großen Kreis der Verwandten und Nachbarn das Fastenbrechen während des Ramadan gemeinsam zu zelebrieren. In Addis Abeba und den Städten sollen diese Ge- und Verbote meistens befolgt worden sein, während die Erwartung, dass die Regel, mindestens 1, 5 m voneinander Abstand zu halten, angesichts der engen Wohnverhältnisse illusorisch war (wie ein Mitarbeiter der NGO ‚Menschen für Menschen' aus Addis Abeba berichtete; Henning Neuhaus 2020).

Seit April 2020 berichtete die äthiopische Gesundheitsministerin *Dr. Lia Tadesse* alltäglich um 13 Uhr im ‚COVID-19-Update' über die neusten Ansteckungs- und Totenzahlen und gab Instruktionen an die Bevölkerung. Möglicherweise hat Äthiopien im Juli 2021 die bisher schlimmste Phase der Corona-Pandemie bereits überstanden. Waren im April 2021 noch 2163 neue Ansteckungsfälle an einem Tag gemeldet worden, so hatte sich die Zahl bis zum 15. Juni 2021 auf 1573 Fälle reduziert. Damit sah die *Corona-Bilanz* wie folgt aus: Insgesamt sind 276.000 Fälle von Ansteckung gemeldet worden, mit 260.000 Genesenen und 4320 Toten. Es wurden 2.866.572 Tests durchgeführt, und 2.019.103 Äthiopier sind (einmal) geimpft worden – also ziemlich genau 2 % der Bevölkerung (Ethiopian Public Health Institute, June 2021).

Allerdings können die offiziellen Daten nur in sehr begrenztem Maße Gültigkeit beanspruchen, weil neben den geringen Testmöglichkeiten die unsichere politische Lage in mehreren Regionen des Landes (Tigray, Oromia) ein zuverlässiges Testen und Registrieren der Bevölkerung unmöglich gemacht haben. Dafür spricht auch, dass an den Parlamentswahlen vom 21. Juni 2021 in 100 von 547 Wahlkreisen kriegsbedingt gar nicht gewählt werden konnte. Anfangs sind große Hoffnungen auf Premierminister *Abiy Ahmed* gesetzt worden, der das Land mittels neo-liberaler Wirtschafts- und Sozialreformen, umfangreicher Agrar- und

Infrastruktur-Investitionen sowie demokratischer Wahlen wieder auf Kurs bringen wollte. Aber der Ausbruch der Corona-Krise vereitelte zunächst die Realisierung solcher Pläne; denn die so wichtigen Parlamentswahlen wurden – Coronabedingt, wie die Regierung verlauten ließ – von September 2020 auf den 21. Juni 2021 verschoben. Nur durch einen Sieg in freien und fairen Wahlen konnte der in einer Notsituation vom Parlament ernannte Premier *Abiy Ahmed* seine Legitimation zum Regieren des Landes erlangen[16]. Weil sich die Provinzregierung von Tigray in Mekelle weigerte, die Wahlen zu verschieben und den nicht-gewählten Premier weiterhin anzuerkennen, kam es zu einem brutal geführten Bürgerkrieg zwischen der Zentralregierung unter *Abiy Ahmed* (unterstützt von Truppen aus Eritrea) und der kampferprobten *Tigray People Liberation Front (TPLF)*, der bis heute andauert. Wie es im Juli 2021 scheint, ist der Premier mit seiner Militäroffensive gescheitert und Tigray könnte sich versucht fühlen, einen eigenen Staat zu gründen. Jedenfalls war bis heute an eine medizinische Versorgung der Bevölkerung in den umkämpften Gebieten zur Eindämmung der Pandemie gar nicht zu denken.

Obwohl durch den mit massivem Einsatz an Personal und Kriegsgerät für den Machtkampf gegen die abtrünnige Provinz Tigray geschwächt, verfolgte die Zentralregierung in den nicht vom Krieg direkt betroffenen Gebieten ab März 2020 eine *Fülle von Maßnahmen* zur Milderung der Folgen der Pandemie (OECD-COVID-19-Country Policy Tracker 2021). Im Folgenden werden die wichtigsten Maßnahmen und Ereignisse zusammengefasst:

- Im April 2020 verabschiedete das Parlament in Addis Abeba sowohl die *Covid-19-Notstands Erklärung* des Ministerrats als auch die Einrichtung eines Kontroll-Gremiums zur Überprüfung der Maßnahmen.
- Am 12. April verhängte die Regierung eine Ausgangssperre für fünf Monate mit folgenden Regeln (nach Neuhaus 2020)[17]:
  - Jegliche Art von Treffen mit mehr als vier Personen ist untersagt; Händeschütteln ist verboten.
  - Es ist Pflicht, im öffentlichen Raum Mundschutz zu tragen. Dabei sind auch Eigenkreationen erlaubt – solange man nur etwas vor dem Mund hat.
  - Öffentliche Verkehrsmittel und Privatfahrzeuge dürfen nur noch mit maximal der Hälfte der möglichen Passagiere besetzt sein.

---

[16] Inzwischen haben die Wahlen in Äthiopien stattgefunden (mit Ausnahme in Tigray und einigen anderen Distrikten des Landes und boykottiert von Oppositionsparteien). Abiys Partei, die Progressive Party, erhielt angeblich 410 von 436 Sitzen. „Abiys Partei gewinnt Wahlen haushoch", in: Süddeutsche Zeitung vom 11.7.2021.

[17] https://www.menschenfuermenschen.de/news/corona-tagebuch-aethiopien-addis/

- Kinos und sonstige Unterhaltungseinrichtungen bleiben geschlossen.
- Vermieter dürfen die Miete nicht erhöhen.
- Arbeitnehmer dürfen wegen COVID-19 nicht entlassen werden.

- Grenzen wurden geschlossen, der Tourismusbetrieb eingestellt, und die nationale Fluggesellschaft *Ethiopian Airlines* konnte erst im Frühjahr 2021 wieder 40 Ziele ansteuern (anstatt der 80 vor Ausbruch der Pandemie).

- Gleichzeitig verkündete die äthiopische Regierung einen *Multi-Sectoral Preparedness and Response Plan* zur Ankurbelung der Wirtschaft in den kommenden drei Monaten. Von den 1,64 Mrd. US-Dollar umfassenden Plan sollten verschiedene wirtschaftliche Sektoren und bedürftige Bevölkerungsgruppen unterstützt werden, darunter 635 Mio. US-Dollar für solche verwundbaren Gruppen, die besonders auf Nahrungsmittelhilfe angewiesen sind; und 430 Mio. US$ für Gesundheitsfürsorge im Notfall, wenn 100.000 Menschen vom Corona-Virus infiziert werden würden. Ferner waren 239 Mio. US$ für „Landwirtschaft, Ernährung und Schutz von Armutsgruppen, einschließlich von Flüchtlingen, vorgesehen" (OECD-COVID-19-Country Policy Tracker 2021). Was davon wirklich umgesetzt wurde, ist nicht bekannt.

- Für das Haushaltsjahr 2019/2020 beschloss das Parlament ein Zusatz-Budget in Höhe von US$ 1,43 Mrd., um die wirtschaftlichen Folgen von Covid-19 für die ca. 30 Mio. Menschen abzufedern, die als hilfsbedürftig galten. Die Mittel sollten gemeinsam durch interne und externe Quellen aufgebracht werden (OECD 2021).

- 26 Mio. Schülerinnen und Schüler wurden nach Hause geschickt und bis Ende Oktober die Schulen geschlossen gehalten. Danach konnten die Schulklassen – nun aber auf maximal 30 Schülerinnen und Schüler verkleinert und bei Pflicht des Masken-Tragens – wieder öffnen. Und etwa 400.000 Schulkinder der Hauptstadt kamen wieder in den Genuss der täglichen Schulspeisung, auf die sie ein halbes Jahr hatten verzichten müssen (OECD 2021).

- Im April 2020 begann die Regierung mit einer Tür-zu-Tür-Testung der Bevölkerung in den 117 Distrikten der Hauptstadt und mit der Austeilung von Schulmahlzeiten, die 30.000 freiwillige Jugendhelfer an Schulkinder verabreichen sollten (OECD 2021).

- Beerdigungen und Familienfeste wurden untersagt und erst nach sechs Monaten im kleinen Rahmen (15 Personen) wieder zugelassen. Erst nach sechs Monaten konnten 80 % der Hotels wieder öffnen (OECD 2021)

- Ca. 9000 Gefangene, die als Folge von Demonstrationen und Streiks im Vorjahr hinter Gitter gebracht worden waren, wurden vorzeitig entlassen (*„and who qualified for pardon"*), um der Verbreitung des Corona-Virus' vorzubeugen (OECD 2021).

- An den Hauptstraßen des Landes wurden Test- und Quarantäne-Stationen eingerichtet, und die Polizei kontrollierte streng das obligatorische Maskentragen und die Ergebnisse des Fieber-Messens (Neuhaus 2020).

- Die Pflicht zur Information der Bevölkerung über zu praktizierende Hygienemaßnahmen wurde mittels einer einfachen Methode erledigt: „Bei jedem Telefonanruf – egal ob mobil oder Festnetz – wurde das klassische Freizeichen durch eine automatische Ansage auf Amharisch ersetzt, die über Symptome von Covid-19, Prävention und Hilfe informiert" (Neuhaus 2020).

- Auch Wirtschaftsunternehmen kamen in den Genuss von Staatshilfen. Firmen, die noch Steuerschulden aus den vorangegangenen Jahren hatten, erhielten Schuldenerlass oder Steuererleichterung; andere erhielten einen auf vier Monate begrenzten Erlass der Einkommenssteuer, wenn sie ihre Angestellten während der Krise vier Monate lang weiter beschäftigt hatten (OECD-COVID-19-Country Policy Tracker 2021).

Weniger effizient waren die Testprogramme, weil es zu wenig Test-Pakete und Testlabore gab: Mit 4.000 Tests täglich und 20 Labors für 110 Mio. Menschen konnte die Regierung kaum Wirkung erzielen – ein symbolischer Tropfen auf den heißen Stein. Im August 2020 startete die Regierung eine verbesserte Test-Kampagne, um in 14 Tagen 200.000 Hauptstadt-Bewohner testen zu können – d. h. weniger als 5 % der Einwohner von Addis Abeba (OECD-COVID-19-Country Policy Tracker 2021). Diese Zahlen und Pandemie-Berichte sollten nicht vergessen machen, dass das Alltagsleben der Menschen weiterging und dass die landesweiten ‚normalen' gewaltförmigen Konflikte zwischen politischen Parteien von der Pandemie nicht lange verdrängt wurden. So löste die Ermordung des beliebten Sängers *Hachalu Hundessa* Mitte Juli 2020 in zahlreichen Städten unter Jugendlichen vom Volk der Oromo gewaltsame Proteste aus, die die Test-Aktivitäten der Regierung vorübergehend blockierten. Aus dem „Corona-Tagebuch" von *Henning Neuhaus,* einem Mitarbeiter der NGO ‚Menschen für Menschen' in Äthiopien, vom 16. Juli 2020, erfahren wir[18]:

„Das Corona-Virus rückte in dieser Zeit in den Hintergrund. Besonders in den ersten Juliwochen konnte längst nicht so viel getestet werden wie zuvor. Auch führte die landesweite Abschaltung des Internets dazu, dass Updates bezüglich der Pandemie nur spärlich durchdringen konnten. Es ist auch zu erwarten, dass es durch die Unruhen und die damit einhergehenden Versammlungen zu einem erneuten Anstieg der Infektionszahlen kommen wird.... Seit dem 24. Mai, als es auf einmal 88 Neuinfektionen an einem Tag gab, steigen die Neuinfektionen

---

[18] https://www.menschenfuermenschen.de/news/corona-tagebuch-aethiopien-addis/

rapide an... Inzwischen verzeichnet jede Region in Äthiopien Corona-Infizierte. Es ist schon bedenklich, dass sich die Zahl der Infizierten vom 16. Mai bis zum heutigen Tag [16. Juli] von 306 auf 3.521 mehr als verzehnfacht hat... Nichtsdestotrotz habe ich das Gefühl, das sich bei den Menschen trotz der steigenden Infektionszahlen eine gewisse "Corona-Normalität" eingebürgert hat...Ein Lockdown in einem Land wie Äthiopien ist nur schwer bis kaum möglich umzusetzen. Die meisten Menschen sind darauf angewiesen ihrer täglichen Arbeit nachzugehen, um das Überleben ihrer Familie zu sichern" (Neuhaus Juli 2020). So berichtete Neuhaus von einem Markt in Ijaji, dass dort „wie gewohnt" zahlreiche Bauern aus der gesamten Region zusammenkamen, um Waren zu kaufen und zu verkaufen. Auf ihre einzige Einnahmequelle konnten die Landleute nicht verzichten.

Auswirkungen der Corona-Epidemie

Covid-19 hat in jeder Hinsicht fatale Folgen für die äthiopische Bevölkerung, die gewohnt ist, in Großfamilien und mit mehreren Generationen in einem Haushalt zu leben. Der Krieg in Tigray und die militanten Konflikte zwischen ethnischen Gruppen in anderen Landesteilen haben die Berichterstattung über Corona etwas in den Hintergrund gedrängt. Ohne den Krieg der Zentralregierung gegen die rebellische Provinz Tigray, der im November 2020 begann und bis Juli 2021 noch nicht beendet war und die Zukunft des Vielvölkerstaates im Dunkeln lässt, hätte Äthiopien die Covid-19-Pandemie besser überstehen können als andere afrikanische Länder. Das ist zumindest die Einschätzung von CEPHEUS im Frühjahr 2021, einem international tätigen Wirtschaftsforschungsunternehmen, in seiner optimistischen Studie über die Wirtschaftsaussichten Äthiopiens: Es bestünde kein Grund zur Sorge, denn unter dem neuen Premierminister *Abiy Ahmed* zeigten sowohl die wirtschaftlichen Wachstumsraten (4,1 % im Jahr 2020/21 im Vergleich zu 6,1 % im Jahr 2019/2020) als auch die Exporte (3,4 Mrd. US4 für 2020/2021 im Vergleich zu 3,0 Mrd. US$ für 2029/2020) und ausländischen Direktinvestitionen (3,4 Mrd. US$ im Jahr 2020/2021 im Vergleich zu 2,4 Mrd. US$ für 2029/2020) in eine erfreuliche Aufwärtsentwicklung des Landes (CEPHEUS 2021, S. 1). Es bleibt aber die Frage akut, ob und wann die ca. 30.000 Industriearbeiter, die 2020 beurlaubt wurden, wieder in ihre Betriebe zurückkehren können (Manek & Meckelburg 2020, S. 54).

Es sollte beachtet werden, dass die Covid-19-Krise mit ihren Versorgungsengpässen nicht das einzige Probleme ist, mit dem das Land zu kämpfen hat; denn Ausbrüche von Masern, Cholera und Geldfieber haben die Bevölkerung heimgesucht, und eine verheerende Heuschreckenplage hat die Nahrungsmittelversorgung in einigen Regionen weiter verschlechtert (Manek & Meckelburg 2020, S. 51). Ohnehin mussten ca. 7 bis 8 Mio. Menschen humanitäre Hilfe, vor allem *food aid,* in Anspruch nehmen, für die die Regierung am 7. März 2019 auswärtige Finanzmittel in Höhe von 1,3 Mrd. US $ beantragte (Abbink 2020, S. 10). Zwei Jahre später benötigten allein in Tigray 4,5 Mio. hungernde Menschen Nothilfe, und Warnungen „vor einer Hungersnot wie im Jahr 1986, als Hunderttausende zu Tode kamen", wurden laut (Delius 2021, S. 45).

Mit Wirkung vom 1. Juli 2021 müssen alle Flugpassagiere nach Äthiopien ein digitales PCR-Testzertifikat der *Trusted Travel Initiative* der Afrikanischen Union oder der *Global Haven Platform* vorlegen. Wie unsicher die Lage im Land ist, kann den Reisewarnungen des *Auswärtigen Amtes* in Berlin entnommen werden: „Vor Reisen in die Regionen Tigray sowie in die angrenzenden Gebiete der Regionen Amhara (einschließlich des Grenzgebiets zum Sudan) und Afar wird gewarnt. Von Reisen in die Region Benishangul-Gumuz, die Zonen East- und West-Wollega, Kelem Welega, Horo Gudru Welega und Ilu Aba Bora (Region Oromia) sowie die Oromo Special Zones, North Shewa und South Wollo (Region Amhara) wird abgeraten". Das Auswärtige Amt hat Äthiopien als Risikoland eingestuft und rät von nicht-notwendigen Reisen ab.

6.3   Fallstudie Südafrika

Überblick

Südafrika ist die zweitgrößte und die am meisten diversifizierte Volkswirtschaft Afrikas und zugleich das am stärksten von der Corona-Pandemie betroffene Land Afrikas. Das jährliche BIP betrug 2019 mit rund 351,4 Mrd. US$ etwas mehr als das Irlands. Südafrika hat ein pro-Kopf-Einkommen von 6.040 US$ und wird damit von der Weltbank als eines von acht afrikanischen Ländern als *upper-middle-income economy* eingestuft[19]. Das Land hat rund 60 Mill. Einwohner, die sich auf mehrere urbane Ballungszentren konzentrieren, von denen die Provinz Gauteng mit den Metropolen Johannesburg und Pretoria das wichtigste ist.

Die wesentlichsten Wirtschaftszweige sind der Finanzsektor, die verarbeitende Industrie, Handel und Dienstleistungen (einschließlich Tourismus) und der Bergbau. Letzterer trägt rund 60 % zu den Exporterlösen bei. Das Land ist der weltgrößte Produzent von Platinmetallen, Gold und Chrom, fördert aber u. a. auch Kohle, Diamanten, Eisenerz oder Mangan. Ein größerer Teil der Exporte der verarbeitenden

---

[19] Vgl. Weltbank: https://www.worldbank.org/en/country/southafrica/overview.

Industrie geht in die Nachbarländer, mit denen Südafrika durch die Freihandelszone der Southern African Development Community (SADC) verbunden ist[20].

Die Corona-Pandemie traf Südafrika in einer Phase anhaltend schwachen Wirtschaftswachstums, das u. a. auf strukturelle Schwächen in der Energie-Erzeugung und im Transportwesen sowie auf zunehmende Korruption[21] zurückzuführen ist. Zudem schwächte ein innerparteilicher Machtkampf zwischen Präsident *Cyril Ramaphosa* und den Anhängern seines der Korruption angeklagten Vorgängers *Jacob Zuma* die Handlungsfähigkeit des Staates.

Trotz dieser ungünstigen Rahmenbedingungen reagierte die südafrikanische Regierung auf die Pandemie mit umfassenden Gegenmaßnahmen sowie mit wirtschaftlich wie sozialen Unterstützungsprogrammen.

Pandemie-Verlauf und Gegenmaßnahmen der Regierung

Am 05.03.2020 vermeldete der südafrikanische Gesundheitsminister *Zweli Mkhize* die ersten Fälle von COVID-19 in Südafrika – eingeschleppt aus Italien. Die südafrikanische Regierung reagierte schnell und hart auf die Bedrohung:

- Bereits am 15.03.2020 erklärte Präsident *Ramaphosa* den Katastrophenfall und verfügte Reisebeschränkungen und die Schließung der Schulen.
- Am 17.03.2020 wurde der „*National Coronavirus Command Council*" etabliert[22].
- Am 27.03.2020 wurde ein harter Lockdown inklusive nächtlicher Ausgangssperren implementiert, der von Mai an stufenweise bis September 2020 zurückgefahren, seitdem aber wieder verschärft wurde.

Südafrika ist seit Beginn der Pandemie von drei jeweils höheren Wellen getroffen worden:

---

[20] Vgl. Peters, Wolff-Christian (2010), The Quest for an African Economic Community. Regional Integration and its Role in Achieving African Unity – The Case of SADC, Frankfurt/Main 2010:p209 ff.

[21] Stichwort: „State Capture", eindrücklich beschrieben von Jacques Pauw (2017): The President's Keepers: Those Keeping Zuma in Power and out of Prison. Cape Town 2017 und Robin Renwick (2018): How to Steal a Country. State Capture and Hopes for the Future in South Africa. Sunnyside (Pretoria) 2018.

[22] Vgl. http://www.thepresidency.gov.za/press-statements/statement-president-cyril-ramaph osa-measures-combat-covid-19-epidemic.

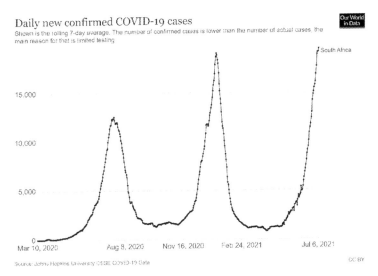

Abb. 6.2 Tägliche Corona-Fälle in Südafrika vom 10.März 2020 bis 06.Juli 2021. (Quelle: https://ourworldindata.org/coronavirus/country/south-africa)

- Die erste Corona-Welle erreichte im Juli/August 2020 ihren Höhepunkt mit 342.000 neuen Ansteckungen im Juli.
- Die zweite Welle, angetrieben durch die in Südafrika entdeckte Beta-Variante, erfasste das Land im Dezember 2020 und ebbte Ende Februar 2021 wieder ab, nachdem die Zahl der Ansteckungen auf mehr als 1,5 Mill. und die Zahl der Opfer auf rund 50.000 angestiegen war[23].

Seit Mai 2021 hat eine dritte Welle, für die vor allem die Delta-Variante des Virus verantwortlich ist, Südafrika getroffen und die Ansteckungszahlen auf mehr als 2,075 Mill. und die Zahl der Toten auf mehr als 62.000 nach oben getrieben (Abb. 6.2).

Wie bereits erwähnt, reagierte die südafrikanische Regierung auf die erste Welle mit einem sehr harten Lockdown, der besonders die vielen gering Verdienenden traf, die plötzlich ohne Einkommen dastanden und auf Nahrungsmittelhilfen und soziale Zuwendungen angewiesen waren. Die Verordnungen wurden z. T. relativ rabiat von

---

[23] Vgl. https://www.worldometers.info/coronavirus/country/south-africa/

den Sicherheitskräften (einschließlich des Militärs) umgesetzt[24]. Mit Unterstützung des IWF, der Südafrika 4,3 Mrd. USD an Nothilfe gewährte[25], konnte im November 2020 ein im afrikanischen Vergleich massiver *„Economic Reconstruction and Recovery Plan"* aufgelegt werden, mit dem die Regierung *Ramaphosa* versucht, die weit über COVID-19 hinausgehenden strukturellen Probleme Südafrikas (ineffiziente Staatsunternehmen, Korruption, Energieknappheit, hohe Arbeitslosigkeit, Klimawandel) systematisch anzugehen: *"Wir sind entschlossen, unsere Wirtschaft nicht einfach wieder zu dem zu machen, was sie vor der Corona-Pandemie war, sondern eine neue Ökonomie in einer neuen globalen Realität zu entwickeln"*[26]. Um die einschneidenden Auswirkungen der Corona-Schutzmaßnahmen abzufedern, subventionierte die Regierung für die Monate im Lockdown Lohnfortzahlungen in Höhe von knapp 2,5 Mrd. EUR, zahlte rund 750 Mill. EUR an Schuldenerleichterungen für Klein- und Mittelbetriebe und finanzierte einen 90-tägigen Aufschub von Kreditzahlungen an Geschäftsbanken. Mit dem zweiten Teil des Plans, dem Wiederaufbauprogramm, soll vor allem die marode Infrastruktur des Landes modernisiert, der Übergang zu einer *„Green Economy"* eingeleitet und die hohe Arbeitslosigkeit und damit verbundene Armut reduziert werden. Zugleich baute die Regierung die Corona Test-Kapazitäten landesweit aus, so dass – im Unterschied zum restlichen Afrika – die Gesundheitsverwaltung immer einen relativ genauen Überblick über Pandemie-Verlauf und Hotspots hatte.

Südafrika hat relativ frühzeitig versucht, Impfstoffe nicht nur über die COVAX-Initiative, sondern auch auf dem freien Markt zu erwerben. Dadurch begann bereits im Februar 2021 die Impfkampagne. Diese wurde allerdings dadurch anfangs etwas ausgebremst, dass die südafrikanischen Behörden den ASTRA Zeneca Impfstoff nach rund 20.000 Erstimpfungen absetzten, weil sie feststellten, dass er nur bedingt gegen die im Land dominante Beta-Variante wirkte. Anfang Juli 2021 hatten 5.6 % der Menschen in Südafrika die erste und 0,8 % die zweite Impfung

---

[24] Anfang 2021 verhaftete die Polizei mehr als 7.000 Menschen, die der Maskenpflicht nicht nachgekommen waren; 2020 wurden insgesamt mehr als 340.000 Menschen wegen Verstößen gegen die Corona-Verordnungen verhaftet; vgl. https://www.msn.com/en-us/news/world/safrica-police-arrest-thousands-for-not-wearing-masks/ar-BB1cI9jA?ocid=ob-fb-enus-1541512262291.

[25] Vgl. GIZ, Economic Unit Africa. COVID-19 Impact & Policy Tracker Southern Africa (as of 05.06.2021). mimeo.

[26] Government of South Africa (2020): The South African Reconstruction and Recovery Plan": p3. https://www.gov.za/sites/default/files/gcis_document/202010/south-african-economic-reconstruction-and-recovery-plan.pdf.

erhalten[27]. Als erstes Land in Afrika beginnt Südafrika, selbst Impfstoffe zu produzieren. Die in Durban ansässige Pharmafirma *Aspen* hat eine Kooperation mit *Johnson&Johnson* vereinbart, um ab Mitte Juli 2021 400 Mill. Dosen an Impfstoffen für den afrikanischen Kontinent zu produzieren[28].

Politische und sozio-ökonomische Auswirkungen
Südafrika begriff die Pandemie rasch auch als Chance für die Einleitung eines nach den bleiernen Jahren der *Zuma*-Herrschaft dringend benötigten gesellschaftlichen Aufbruchs. Gegen den anhaltenden Widerstand der kleptokratischen ANC-Clique um Ex-Präsident *Zuma* und den suspendierten ANC-Generalsekretär *Ace Magashule* hat der Reformflügel um Präsident *Ramaphosa* begonnen, die ineffizienten Staatsunternehmen, wie die völlig überschuldete Fluglinie SAA, entweder aufzulösen oder wie den Stromerzeuger ESKOM in einen harten Reformkurs zu zwingen. Der harte Lockdown zu Beginn der Pandemie und der Ende 2020 vorgelegte Wiederaufbau- und Reformplan gaben der Regierung die politische Handhabe, den für viele schmerzhaften Wandlungsprozess anzuschieben.

Wie notwendig dies ist, unterstreicht die Tatsache, dass hohe Regierungspolitiker selbst auf dem Höhepunkt der Pandemie nicht der Versuchung widerstehen konnten, sich zu bereichern. Im Juni 2021 wurde Gesundheitsminister *Zweli Mkhise* suspendiert, weil er unter Verdacht steht, Verträge für COVID-Kommunikation irregulär an die Firma von familiären Geschäftspartnern vergeben zu haben[29]. Aber das war wohl nur die Spitze des Eisbergs: die „*Special Investigating Unit*" der südafrikanischen Polizei hat bislang über 4.000 verdächtige Verträge untersucht, Anklage gegen 63 weitere Regierungsbeamte erhoben und 87 Firmen auf die schwarze Liste gesetzt[30]. Das große Hilfsprogramm gegen die Corona-Pandemie wirkte wie ein Magnet auf korrupte Beamte, Politiker und einen Teil der Geschäftswelt: „Die Pandemie verstärkt die Korruption"[31]. Auch die Ankündigung, dass Präsident und Kabinett ein Drittel ihrer Bezüge in einen Solidaritätsfonds einzahlen wollten, konnte den fortschreitenden Vertrauensverlust in die politische Klasse nicht aufhalten.

Die Lockdown-Maßnahmen, gekoppelt mit zunächst einbrechender Nachfrage auf dem Weltmarkt und dem Zusammenbruch des lukrativen Tourismussektors,

---

[27] Vgl. https://ourworldindata.org/coronavirus/country/south-africa.

[28] Vgl. https://www.voanews.com/covid-19-pandemic/south-african-firm-produce-covid-19-vaccine-african-countries.

[29] Vgl. https://www.aljazeera.com/news/2021/6/8/south-africa-health-minister-put-on-leave-over-corruption-allegations.

[30] Ebd.

[31] Vgl. https://onlinelibrary.wiley.com/doi/epdf/10.1111/j.1467-6346.2021.09974.x.

stürzten die südafrikanische Wirtschaft 2020 in eine tiefe Rezession. Laut AfDB[32] schrumpfte das BIP 2020 um 8,2 %, verloren 2,6 Mill. Menschen ihren Arbeitsplatz und mussten mehr als 110.000 Klein- und Mittelbetriebe schließen. Besonders betroffen waren der Dienstleistungssektor und hier besonders der Tourismusbereich. 2020 sanken die Touristenzahlen gegenüber dem Vorjahr um 72,6 % von 10,2 Mill. auf 2,8 Mill.[33]; für 2021 ist bislang nur eine schwache Erholung in Sicht. Für die gesamte Volkswirtschaft deuten erste Schätzungen dagegen auf einen vorsichtigen Aufschwung hin, befeuert von den steigenden Rohstoffpreisen und einer guten Agrarsaison. Trotzdem hat die südafrikanische Volkswirtschaft im ersten Quartal 2021 erst wieder das Niveau von 2016 erreicht[34].

Die Pandemie forderte in Südafrika bislang mehr als 60.000 Opfer. Darunter waren mit *Zindzi Mandela* (Tochter von Nelson Mandela) und dem einflussreichen Zulu-König *Goodwill Zwelithini* auch zwei prominente politische Persönlichkeiten[35]. Die steigenden Opferzahlen und die zunehmende Zahl prominenter Opfer haben zumindest in den wohlhabenderen und besser gebildeten Schichten sowie unter älteren Menschen zu einer besseren Einhaltung von Maskenpflicht, sozialem Abstandhalten und Handwaschregeln geführt[36]. Ähnlich sieht auch die Reaktion auf die Impfangebote der Regierung aus: es sind eher Menschen mit höherem Einkommen und Bildung, die sich impfen lassen.

Die politischen und sozialen Auswirkungen der Pandemie werden in Südafrika in vollem Umfang erst in den nächsten Monaten deutlich werden, wenn klar wird, wie der Machtkampf zwischen den Reformern um Präsident Ramaphosa und der Zuma-Fraktion ausgegangen ist. Die schweren Unruhen und weitverbreiteten Plünderungen, die nach der Inhaftierung des früheren Präsidenten am 9. Juli 2021 in Teilen Südafrikas ausbrachen und den Einsatz der Armee notwendig machten, sind auch eine Folge des zeitweilig sehr harten Lockdowns, den die Regierung *Ramaphosa* für die letzten 15 Monate anordnete. Wenn Armut, starke Einkommensunterschiede und wenig Hoffnung auf die Zukunft im Namen der nationalen Gesundheit mit Ausgangsverboten, Arbeitsverlusten und Schulschließungen noch einmal verstärkt werden, brechen sich soziale Frustrationen und Wut auf das Establishment bei der nächsten Gelegenheit Bahn. Die dramatischen Ereignisse in *Südafrika* sind sicherlich auch den besonderen Umständen im Land geschuldet,

---

[32] Vgl. https://www.afdb.org/en/documents/african-economic-outlook-2021, p145.

[33] Vgl. http://www.statssa.gov.za/?p=14281.

[34] ebd.

[35] Vgl. https://en.wikipedia.org/wiki/List_of_COVID-19_deaths_in_South_Africa.

[36] Vgl. Kollamparambil U, Oyenubi A (2021) Behavioural response to the Covid-19 pandemic in South Africa. PLoS ONE 16(4): e0250269. https://doi.org/10.1371/journal.pone.0250269.

könnten aber auch Indiz für zu erwartende Reaktionen in anderen Teilen Afrikas auf die von oft politisch nur wenig legitimierten Regierungen erzwungenen sozialen Beschränkungen sein. Im benachbarten *Eswatini* kam es in den Vorwochen zu ganz ähnlichen Plünderungsorgien aus Protest gegen den arroganten und korrupten König.

Wirtschaftliche Auswirkungen der Corona-Pandemie: die Folgen von geringerem Wirtschaftswachstum und mehr Armut und Arbeitslosigkeit

Bei Ausbruch der Corona-Pandemie war in zahlreichen Ländern der Welt zunächst ein Mangel an Schutzausrüstung, Testkapazitäten, Medikamenten, Intensivbetten und Notfallplänen zu beklagen. So legte die Pandemie die strukturellen und personellen Schwächen in den (meist unterfinanzierten) Gesundheitssystemen offen. Überall zeigten sich Schwierigkeiten bei der medizinischen Versorgung sozial schwacher Gruppen oder von Risiko-Gruppen (mal waren es Alte, mal Studierende und Schulkinder, mal Menschen in abgelegenen Gegenden, mal Flüchtlinge und Asylbewerber (Gerlinger, 2020, S. 21). Am sichtbarsten versagte wohl im Jahr 2020 das öffentliche Pandemie-Management in Italien, in den USA, in England, Brasilien und Indien.

Überall hat es *Lockdowns* oder *Shutdowns* gegeben, Unternehmen standen teilweise still, Lieferketten waren unterbrochen. Millionen von Menschen wurden ganz oder zeitweise arbeitslos. In Afrika fiel zum ersten Mal seit 25 Jahren das wirtschaftliche Wachstum. Als die Corona-Pandemie im Frühjahr 2020 die Welt heimsuchte, befand sich die Mehrzahl der afrikanischen Staaten bereits in wirtschaftlichen Schwierigkeiten; denn der devisenbringende Rohstoffboom, der nicht zuletzt durch Chinas Nachfrage nach Öl und Mineralien gespeist worden war, hatte sich abgeschwächt. Schätzungsweise 32 Mio. Afrikaner und Afrikanerinnen waren – trotz einiger Hilfsprogramme der Regierungen – in die *Armutsfalle* abgerutscht, – ein Trend, der sich dann Corona-bedingt 2020 und 2021 mit der Unterbrechung internationaler und lokaler Lieferketten fortsetzte. Schätzungsweise 17 % aller Haushalte in Afrika werden vorübergehende Armut erleben (nach Kappel, 2021, S. 14). Das Einkommensgefälle zwischen Afrika und dem Rest der Welt wird sich voraussichtlich weiter vergrößern. Bis 2040 könnte die *extreme Armut* (Kaufkraft von 1,90 US-Dollar pro Tag oder weniger) in Afrika noch um 63 Mio. Menschen zunehmen, so dass dann 573 Mio. in absoluter Armut

W.-C. Peters und R. Tetzlaff, *Wie Corona Afrika verändert*, essentials, https://doi.org/10.1007/978-3-658-35558-6_7

leben werden (heute 510 Mio.)[1]. Zurzeit wächst Afrikas Bevölkerung um 2,6 % jährlich, bis 2040 wird diese Rate voraussichtlich auf 1,9 % gesunken sein. Das Produktionswachstum kann mit dem Bevölkerungswachstum nicht Schritt halten – „dazu müsste das Brutto-Inlandsprodukt durchschnittlich mindestens doppelt so hoch sein wie die prognostizierte Rate"[2]. Corona jedoch verlangsamt diesen Aufholprozess eher als es ihn beschleunigen würde. Deren Schäden werden in den Ländern der Welt am gravierendsten sein, in denen sich die Gesellschaft mangels eigener Ressourcen (Impfstoff, Krankenhaus-Intensivbetten; Masken; medizinisches Personal, Geld) oder mangels angemessener politischer Führung am wenigsten ihrer erwehren können.

Es ist schwierig, die Schäden effektiv zu beziffern; zweifellos wurden gigantische Wohlstandswerte vernichtet. Die *IMF-Chefökonomin Gita Gopinath* rechnet damit, dass bis zum Jahr 2025 gegen 28 Billionen US-Dollar an Wertschöpfung verloren gehen werden. Ferner befürchtet sie, dass 90 Mio. Menschen wieder in extreme Armut zurückfallen könnten (was mehr als ein Zehntel der gegenwärtigen Zahl der Armen in der Welt ausmachen würde). In zwei Dritteln der Entwicklungs- und Schwellenländer werden die Pro-Kopf-Einkommensverluste auch bis zum kommenden Jahr nicht aufgeholt werden können, so dass frühere Erfolge in der Armutsbekämpfung zunichtegemacht werden[3].

Covid-19 hat besonders in den vom Außenhandel stark abhängigen afrikanischen Ländern zu einer Entschleunigung des wirtschaftlichen und sozialen Lebens geführt. Durch die eingeschränkte, grenzüberschreitende Mobilität haben besonders auch diejenigen Länder zu leiden, die wie Tunesien, Marokko, Kenia, Tansania, Botswana oder Südafrika stark in den *Tourismussektor* investiert hatten (KAS, 2021). Auch hier sind die Zahlen der arbeits- und einkommenslos gewordenen Menschen stark gestiegen, wobei sie – von wenigen Ausnahmen wie Südafrika und Marokko abgesehen – kaum auf Kurzarbeitergeld oder staatliche Rettungsfonds wie in Industrieländern zählen können. In *Kenia* verloren nicht nur Safari-, Hotel- und Restaurant-Unternehmer ihre Einnahmen und Angestellten, sondern auch die Blumen-Exporteure mussten 500.000 Arbeiter entlassen, wenn auch nur vorübergehend (Caoline Ashley et al., zit. bei Kappel, 2021, S. 15).

Während noch Ende 2019 die öffentlichen **Schulden** des afrikanischen Kontinents 62 % seines Brutto-Nationalprodukts ausmachte, war dieser Wert ein Jahr

---

[1] Jakkie Cilliers, Johannisburg/Südafrika: „Bevölkerungswachstum. Afrika voranbringen". In: E + Z 2021/01–02, S. 6.

[2] Cilliers, ebd.

[3] https://blogs.imf.org/2020/04/14/the-great-lockdown-worst-economic-downturn-since-the-great-depression/

später auf 70 % angestiegen. Um weitere Verschuldung möglichst zu umgehen, haben afrikanische Regierungen Einsparungen bei Investitionen in die Bereiche der Infrastruktur vorgenommen, was wiederum negative Auswirkungen auf die Realisierung der panafrikanischen Freihandelszone haben wird, die im Januar 2020 offiziell in Kraft getreten ist und auf grenzüberschreitende Investitionen in Straßen, Häfen und Energiewerke angewiesen ist (The Economist, 6.-12. Februar 2021, S. 7 und S. 23–24)[4].

Südafrika und Nigeria – die wirtschaftlich stärksten Länder Afrikas – sind von COVID-19 besonders hart betroffen worden. Frühere Erfolge in der Armutsbekämpfung wurden wieder zunichte gemacht. Außerdem verursachen Liquiditätsengpässe (Rückgang von Steuern und Zöllen), steigende Schuldendienste und notwendig gewordene Ergänzungshaushalte zur Unterstützung der Coronageschädigten verwundbaren Gruppen in beiden Staaten Probleme, die ohne externe Unterstützung nicht zu lösen sein werden. Immerhin hat der IWF afrikanischen Ländern Kredite in Höhe von 16 Mrd. US$ zugesagt, zusätzlich zu einem 10 Mrd. US$-Kredit seitens der Weltbank (The Economist, 6.–12.02.2021, S. 25).

Die *African Development Bank (AfDB)* bezifferte in ihrem Jahresgutachten für 2021 den COVID-verursachten **Wirtschaftseinbruch in Subsahara-Afrika** auf 5,6 %: die durchschnittliche wirtschaftliche Wachstumsrate sei von + 3,0 % (2019) auf geschätzte −2,6 % (2020) gefallen[5]. Dabei sind jedoch signifikante Variationen zwischen den einzelnen Regionen und Ländern zu beobachten (Tab. 7.1).

Einige Volkswirtschaften wie beispielsweise die von Äthiopien (+6,1 %), von Guinea (+5,2 %) oder die von Tansania (+2,1 %) wiesen weiterhin unter diesen Umständen beachtliche Wachstumsraten auf, während viele der größeren Ökonomien beträchtlich schrumpften: Südafrika (−8,2 %), Sudan (−8,4 %), Nigeria (−3,0 %), Angola (−4,5 %) oder Sambia (−4,9 %). In der auf Textil- und Zuckerexporten sowie Tourismus beruhenden Inselökonomie von Mauritius ging das BIP 2020 sogar um 15 % zurück[6].

---

[4] Die globalen Kosten der Pandemie sind Mitte Mai 2021 durch prozentuale Einbußen 2020 im Vergleich zum Vorjahr wie folgt geschätzt worden. Demnach betrugen die Einbußen des weltweiten BIP um ca. 6,65 %, die Steuerausfälle um 15,31 %, die zusätzliche Staatsverschuldung um 7,3 %, die Folgen der Corona-Todesfälle um 16,87 % und die Verdienstausfälle wegen verpasster Bildung um 12 %. *Quelle: Eduardo Levy Yeyati & Federico Filippini auf der Ökonomie-Webseite voxeu.org, zit. nach NZZ vom 18.06.2021.*

[5] Vgl. AfDB (2021, S. 38).

[6] Ebd.

Tab. 7.1 Regionale wirtschaftliche Entwicklung in Afrika

Region	BIP Wachstum 2020 (%)	BIP Wachstum 2021 (geschätzt) (%)
Zentralafrika	−2,7	+ 3,2
Östliches Afrika	+ 0,7	+ 3,0
Südliches Afrika	−7,0	+ 3,2
Westliches Afrika	−1,5	+ 2,8

Quelle: GIZ, Economic Unit Africa. COVID-19 Impact & Policy Tracker Southern Africa (as of 05.06.2021). mimeo

Nach Angaben der *ILO (International Labour Organisation)* waren schon bis April 2020 weltweit mehr als 400 Mio. *Wirtschaftsbetriebe* von schweren Einbrüchen in der Weltwirtschaft bedroht – mit drastischen sozialen Folgen auch für die Arbeitnehmerinnen und Arbeitnehmer: Fast die Hälfte der 3,3 Mrd. Arbeitskräfte weltweit waren damals in ihrer Existenz bedroht, davon besonders die 1,6 Mrd. Menschen, „die einer irregulären Arbeit nachgehen, also ohne Arbeitsverträge auskommen müssen. Ihr Einkommen war damals um durchschnittlich 60 % eingebrochen, in Afrika und Lateinamerika um 80 % oder mehr" (Hauser 2021, S. 7). In *Algerien* lassen stillstehende Firmen, eine Abwertung des algerischen Dinars, das Ansteigen der Arbeitslosenzahl auf 14,1 % und die steigende Inflation „eine Rezession befürchten" (Beldjoudi, 2021). Im benachbarten *Tunesien* sieht die Lage nicht viel besser aus: Mit ca. 499 Corona-Toten pro eine Million Einwohner täglich verzeichnet Tunesien den zweithöchsten Wert nach Südafrika auf dem afrikanischen Kontinent, teilweise auch ein Versagen der Politik. „Für 2020 wird ein Rückgang der Wirtschaftsleistung um zehn Prozent, ein Anstieg der Arbeitslosigkeit auf 20 % sowie der offiziellen Armutsrate von 14 auf 21 % erwartet" (Lipowsky, 2021).

Schließlich sei noch die Plage der **Wüstenheuschnecke** in Erinnerung gerufen, die nun immer häufiger Menschen Ostafrikas heimsucht und deren Ernährungssicherheit untergräbt. Zwar terrorisieren Heuschneckenplagen die Völker seit Menschengedenken, aber die Überbevölkerung mit deren Folgen wie Entwaldung, Überweidung und Desertifikation haben zur „gestiegenen Wahrscheinlichkeit von Heuschreckenplagen beigetragen"[7]. Auf längere Sicht ist mehrdimensionales Handeln nötig, kurzfristig aber würde nur der starke Einsatz von Pestiziden

---

[7] Mahwish Gul, Nairobi/Kenia: „Mangelhafte Ernährungssicherheit. Wie zu biblischen Zeiten". In: E + Z 2020/11–12, S. 23.

von Nutzen sein, doch dafür sind in Zeiten der Corona-Pandemie kaum nationale Finanzmittel verfügbar.

Ohne die Finanzhilfen und Kredite seitens des IWF, der Weltbank, der WHO und Organisationen der *public–private-partnership* wie vor allem COVAX würden in vielen ärmeren Ländern Corona-bedingt ihre Gesundheitspolitiken zum Erliegen kommen. *Ägypten* wurde 2020 über die *Rapid Financing Facility* des IWF mit ca. 3 Mrd. US$ unterstützt; *Libyen,* wo aufgrund von Krieg, Wasserknappheit und Stromausfällen Hygienestandards nicht eingehalten werden können, erhielt allein im Rahmen des *EU Emergency Trust Fund for Africa* zur Bewältigung der Corona-Krise mehr als 20 Mio. EUR; ebenso hoch war die Hilfe aus demselben EU Trust Fund für den *Sudan,* ein Land im Übergang zur Demokratie, das zusätzlich 92 Mio. Euro von Weltbank und EU erhalten soll, „um die wirtschaftlichen Konsequenzen der Gesundheitskrise abzumildern". Und *Mauretanien* kam in den Genuss einer Zahlung von 130 Mio. US$ im Rahmen der *Rapid Financing Facility,* die der IWF im April 2020 für medizinische Notfallversorgung gewährte[8].

---

[8] Die Zahlen und Zitate für alle vier Länder dieses Abschnitts sind entnommen: Konrad-Adenauer-Stiftung: Ein Jahr Corona-Pandemie im Nahen Osten und Nordafrika, März 021.

Soziale Auswirkungen der Corona-Pandemie in den Bereichen Gesundheit und Bildung

Die Pandemie hat sich auf mehreren sozialen Sektoren negativ ausgewirkt – Menge und Qualität von Dienstleistungen schrumpften. So hat z. B. die starke Fixierung auf die Behandlung von COVID-Erkrankten die gesundheitlichen Standards in anderen Bereichen (Impfungen gegen Tropenkrankheiten, Malaria-Bekämpfung etc.) stark einbrechen lassen – die Folgen werden erst in den nächsten Jahren voll sichtbar werden. Im Jahr 2020 sind die **Schulen** in Subsahara-Afrika 23 Wochen geschlossen gewesen, ganz oder teilweise, und damit länger als im Weltdurchschnitt. Da die Hälfte der Afrikaner ohne Zugang zu Elektrizität leben muss, ist digitaler Unterricht, selbst wenn in der Familie ein Laptop vorhanden wäre, erschwert bis unmöglich.

Schulen, die über Monate hinweg geschlossen waren, Lehrer, die nicht erreichbar waren, und Internate, die ihre Schüler nach Hause schicken mussten – diese Mangelphänomene kennzeichneten vielerorts die Lage der Jugendlichen. Für zahlreiche Kinder ärmerer Familie bedeutete der Ausfall des Unterrichts auch den Wegfall der täglichen Schulspeisung. Auf dem vorläufigen Höhepunkt der Pandemie um die Jahreswende 2020/2021 waren weltweit fast 1,6 Mrd. Lernende von geschlossenen Bildungseinrichtungen betroffen. Schon davor hatten 258 Mio. Kinder und Jugendliche keinen Zugang zu formaler Bildung gehabt. Weitere 24 Mio. Menschen könnten durch die Pandemie dauerhaft von Bildung ausgeschlossen werden. Dennoch fallen die Soforthilfen für diesen Bereich verhältnismäßig gering aus. Der IWF sagte voraus, dass Afrika im Jahr 2021 die am langsamsten wachsende Region der Welt sein würde, weil weder ihre Bildungssysteme noch ihre Gesundheitseinrichtungen zur wirksamen Milderung von Covid-19-Folgen hinreichend in der Lage seien, sodass der Lebensstandard für die junge Bevölkerung (mit einem Durchschnittsalter von 19,5 Jahren) stark absinken würde (The Economist, 6.–12.02.2021, S. 23; siehe auch KAS, 2021).

W.-C. Peters und R. Tetzlaff, *Wie Corona Afrika verändert*, essentials, https://doi.org/10.1007/978-3-658-35558-6_8

So muss geschlussfolgert werden, dass die Erreichung des zweiten *Sustainable Development Goals* (Nachhaltiges Entwicklungs-Ziel) – eine Welt ohne Hunger – wohl für Afrika aussichtslos erscheint[1]. Bekämpfung der Corona-Pandemie und Akzentuierung der Generationen-Ungerechtigkeit passen leider gut zusammen: Die notwendig gewordenen Abwehr- und Schutzmaßnahmen der Regierungen brachten eine Umschichtung der Staatshaushalte mit einer Reduzierung der Investitionsbudgets zulasten der Jüngeren mit sich. Anlässlich des Internationalen Tags der Bildung am 24. Januar 2021 warnte die UNESCO-Führung, dass insbesondere in den ärmsten Ländern die Finanzierungslücke im Bildungsbereich weiter wachsen würde, zumal auch die internationalen Zuschüsse abnehmen würden. Hatten diese zur UNESCO-Bildungsarbeit 2018 noch 15,6 Mrd. US$ betragen, so rechnete das Direktorium für 2020 mit einer Verringerung um 2 Mrd. US$[2].

Schülerinnen und Schüler, die einmal Corona-bedingt ihre Schule verlassen mussten, kommen häufig nicht mehr zurück. „Viele werden Kinderarbeiter oder Bräute. In einem Küstenort in Kenia, beispielsweise, kehrten von 946 Schulmädchen nur 388, die während des Lockdowns schwanger geworden waren, ein Jahr später in die Schule zurück" (The Economist, 6.–12.02.2021, S. 7). Eine Hauptursache des Schulabbruchs ist in dem plötzlichen Rückgang des Familieneinkommens zu sehen, der alle Familienmitglieder nötigt, nach alternativen Geldquellen zu suchen. Und diese Suche führt vorzugsweise zu einer Verringerung der Ausgaben für Bildung und für Mädchen. Zum einen spart der Schulabbruch eines Mädchens die fälligen Schulgebühren und Ausgaben für Unterrichtsmaterialien, zum anderen bringt die frühe Verheiratung von ehemaligen Schulmädchen über den Brautpreis, den der Bräutigam (oftmals in Kühen) zu entrichten hat, Extraeinnahmen. So sind im ländlichen Kajiado-Distrikt von Kenia ein Viertel der Schülerinnen, die während der Hochzeit der Pandemie ihren Schulbesuch hatten aussetzen müssen, nicht wiedergekommen[3].

Die so wichtigen Bemühungen, über angemessene Programme der *Familienplanung* die Zahl der Kinder pro Frau auf ein national bekömmliches Niveau abzusenken, auf dem die Nachkommen auch durch eigene Anstrengungen ernährt werden könnten, haben durch Lockdowns und Schulschließungen einen herben Rückschlag erlitten; denn junge Frauen ohne Schulbildung bekommen im Durchschnitt sechs und mehr Kinder, Frauen mit Grundschulbildung etwa vier und Frauen mit Gymnasialbildung kaum mehr als zwei (nach The Economist,

---

[1] SDG = Sustainable Development Goal.

[2] https://www.jugendhilfeportal.de/fokus/coronavirus/artikel/pandemie-bremst-bildung-aus/

[3] UNESCO – Video vom 26.04.2021. https://en.unesco.org/news/how-unesco-laureate-helping-girls-go-back-school-kenya.

6.–12.02.2021, S. 7). Nach Weltbank-Schätzungen sind durch Ausfall von Schulunterricht potenzielle *Gewinnverluste* von 7000 US$ pro Kind entstanden, was sich hypothetisch zu entgangenen Gewinnen als Folge von Bildungsverlusten mit damit verbundenen wirtschaftlichen und demographischen Folgen in Höhe von 500 Mrd. US$ summieren würde. Das sei eine riesige Summe für eine Weltregion, in der das Jahreseinkommen pro Kopf weniger als 1600 US$ betragen würde (The Economist, 6.–12. Februar 2021).

Nach Meinung zahlreicher Erziehungswissenschaftler ist Bildung das beste ‚Verhütungsmittel‘; „denn sie wirkt über unterschiedliche Kanäle auf die Lebensverhältnisse der Menschen und damit auch auf die Kinderzahlen ein. Gebildete Menschen leben in der Regel gesünder und haben es leichter, ein auskömmliches Einkommen zu erzielen". Im Alter sind sie deshalb weniger auf ihre Kinder als Versorger oder Versorgerinnen angewiesen. Wenn Eltern selbst eine Schule besucht haben, legen sie zudem mehr Wert darauf, dass auch ihre Kinder eine angemessene Ausbildung erhalten. Auch weil damit höhere Kosten verbunden sind, entscheiden sich Eltern häufig für weniger Nachwuchs. Dabei sind sechs Faktoren für den Schulerfolg von Kindern, abgesehen von individueller Bildungsmotivation verantwortlich, nämlich 1) die Zeit, die Kinder mit häuslicher und Erwerbsarbeit verbringen, 2) ihr Gesundheitszustand, 3) die Dauer ihres Schulwegs, 4) die Anzahl der Kinder in der Familie, 5) ihre kognitiven Fähigkeiten und 6) Kinderheirat[4]. Fünf der sechs Faktoren (Ausnahme kognitive Fähigkeiten) verschlechtern sich unter Corona-Bedingungen. Hinzu kommt, dass die Inflation als Folge der Corona-bedingten Versorgungsengpässe die Schulgebühren und die Maispreise in die Höhe treibt. So befanden sich 60 % der **Simbabwer** – nachdem sich der Maispreis 2020 bei einer Inflationsrate von 800 % verdoppelt hatte – in einer Situation latenten Hungers: 7,7 Mio. Menschen haben keinen sicheren Zugang mehr zu Lebensmitteln, den sie dringend bräuchten. „Coronavirus und Klimawandel sind weltweite Probleme, die in Simbabwe die chronische Wirtschaftskrise weiter verschärfen"[5].

---

[4] Katja Dombrowski, Bildung für sozialen Aufstieg, in: Entwicklung & Zusammenarbeit, E + Z 11–12,2018, S. 20–21.
[5] Jeffrey Moyo, Harare/Simbabwe: Akuter Hunger", in: E + Z 2020/11–12, S. 16).

Politische Auswirkungen

Die Corona-Pandemie schwächt die politischen Systeme Afrikas – sowohl die Parlamente als auch Regierung und Verwaltungen -, die oftmals nicht mehr ‚normal' funktionieren können. Aber gleichzeitig verführt sie auch amtierende Präsidenten zu größerer Risikobereitschaft zum Auskämpfen von Machtkonflikten – gewissermaßen ‚im Windschatten der Seuche'. Folgende markante Trends und Tatsachen lassen sich festhalten:

- Die Notstandssituation wird von Machthabern oftmals ausgenutzt, um die politische Opposition besonders in Wahlkämpfen – zu behindern und mundtot zu machen oder gar politisch zu verfolgen (wie z. B. in *Uganda* oder *Simbabwe*). Die Austragung von „Windschatten-Konflikten" wie den Krieg um Tigray in *Äthiopien,* der eventuell in weniger brutaler Form ausgetragen worden wäre, hätte die Welt nicht im November 2020 gebannt auf den dramatischen Verlauf der Corona-Pandemie, vor allem in den USA, geblickt. Auch die auffällig verhaltene Reaktion der *mosambikanischen* Regierung auf die blutige islamistische Rebellion in der nördlichen Cabo Delgado-Provinz ist hier einzuordnen: Sie gilt als Einfallstor für Drogen und Schmuggelgut für das südliche Afrika und wird von einem korrupten Netzwerk von Militärs der *Makonde*-Ethnie beherrscht, auf deren (finanzielle) Unterstützung Präsident *Nyusi* baut[1]. So wird möglicherweise verhindert, dass trotz der Massaker durch islamistische Jihadisten eine internationale oder zumindest regionale Eingreiftruppe zur Bekämpfung des Aufstandes aufgestellt wird.
- Parlamente oder zivilgesellschaftliche Organisationen als Kontrollinstanzen fallen aus, weil ihre Mitglieder sich in hohem Maße angesteckt haben oder

---

[1] Vgl. Africa Confidential, 27 May 2021 – Vol 62 – N° 11, p1 f.

W.-C. Peters und R. Tetzlaff, *Wie Corona Afrika verändert,* essentials,
https://doi.org/10.1007/978-3-658-35558-6_9

von der Pandemie dahingerafft wurden. In der *Demokratischen Republik Kongo* etwa starben bis Juni 2021 32 Abgeordnete oder mehr als 5 % des gesamten Parlaments an COVID[2].

- Auch Regierungsmitglieder sind nicht selten unter den Opfern der Pandemie zu finden. In *Simbabwe* etwa fielen vier Minister dem Virus zum Opfer, in *Tansania* und *Burundi* (wahrscheinlich) jeweils der Präsident und in Eswatini (früher: Swasiland) der Premierminister. In Namibia starben „allein in den vergangenen zehn Tagen neun ranghohe Politiker und Staatsbeamte an den Folgen einer Infektion... Es fehlt an allem: medizinischem Sauerstoff, Schutzkleidung, Masken, Impfstoff" (Claudia Bröll, FAZ vom 13.07.2021, S. 7). Im ersten Jahr der Pandemie sind in Afrika wahrscheinlich 15 Minister, zwei Präsidenten und ein Premierminister dem Virus erlegen; zudem steckten sich im gleichen Zeitraum 46 Minister und jeweils zwei Präsidenten, Vize-Präsidenten und Premierminister an[3]. Die Todesfälle, aber auch die Erkrankungen, unterminieren fragile, oft ethnisch und/oder regional ausbalancierte Herrschaftssysteme und schwächen dadurch die Reaktionsfähigkeit von Regierungen in einer präzedenzlosen Krisensituation.
- Weil der Pandemie auch lokale Beamte zum Opfer fallen, kommt es zum *Ausfall von staatlichen Dienstleistungen* bei der Überweisung von Finanzleistungen und bis zum Versagen von Friedhöfen bei der Bestattung von Pandemie-Opfern[4]. Die zentralstaatlich angeordneten Lockdown-Maßnahmen überfordern lokale Verwaltungen[5].
- Dieser Umstand trägt zu *Vertrauensverlusten* in Regierungen bei (siehe auch Hartwig & Hoffmann 2021), die sich häufig als unfähig erweisen, ihre Bevölkerung zu schützen, weil sie keine Konzepte zum Umgang mit der Pandemie haben und notwendige Tests und Impfungen nicht zuverlässig organisieren können (oder wollen, wie lange Zeit in *Tansania*). Auch in Afrika sind Fälle

---

[2] Vgl. https://www.nytimes.com/2021/06/01/world/africa/covid-congo-parliament.html.

[3] Vgl. Falisse J, Macdonald R, Molony T, et al., Why have so many African leaders died of COVID-19? BMJ Global Health 2021;6:e005587. https://gh.bmj.com/content/6/5/e005587. info Die Studie weist nach, dass die Ansteckungen und Todesfälle unter afrikanischen Politikern weit über der statistischen Wahrscheinlichkeit lag und führt dies auf Alter, Vorerkrankungen, fehlendem Zugang zu guter medizinischer Versorgung und die starke Verbreitung der südafrikanischen Virus-Variante zurück.

[4] In der sambischen Hauptstadt Lusaka gibt es immer weniger Totengräber, die die Gräber ausheben und die Särge in die Gräber herablassen, weil sie sich selbst angesteckt haben oder gar gestorben sind.

[5] „Derzeit herrscht ein großes Durcheinander über die lokalen Vorschriften und die Kommunen sind mit der Ausstellung von Reisegenehmigungen im Land überfordert" – berichtet Steffen Krüger aus Rabat. In: KAS 2021: Ein Jahr Corona-Pandemie – Marokko.

vorgekommen (z. B. in *Südafrika, Sambia* und *Tunesien*), dass sich Politiker am Geschäft mit Corona-Hilfen bereichert haben. Solche Berichte und auch „fake-news" fördern die weit verbreitete *Impfskepsis*. In einer Befragung durch ‚Afrobarometer' gaben Anfang Juni in *Namibia* fast zwei Drittel der Befragten an, Gebete für wirksamer als Impfstoffe zu halten. Noch höher lag der Anteil derer, die zu Protokoll gaben, dass sie der Regierung nicht trauten. „Zugleich machten sich neun der zehn Befragten Sorgen, Opfer der Pandemie zu werden. Viele experimentieren mit ‚Wunderheilmitteln' und nicht zugelassenen Medikamenten" (Bröll, 2021).

- Insgesamt betrachtet, macht die Pandemie die bereits vorhandenen strukturellen Schwächen und Kapazitätsdefizite der politischen Systeme in den meisten afrikanischen Staaten sichtbar und verstärkt sie in vielen Fällen weiter. Das Wegbrechen von Existenzgrundlagen und die zunehmende Ernährungsunsicherheit steigern das Risiko von sozialen Unruhen und lokalen Hungersnöten, was bereits bestehende Verteilungskämpfe zwischen gesellschaftlichen Gruppen (einschließlich ethnisch-kultureller-religiöser Parteien) mittelfristig brutalisieren muss.
- Oft sind mit Anti-Covid-19-Maßnahmen des Staates auch Einschränkungen von *Grundrechten* verbunden, was eine zusätzliche „Bedrohung für die demokratische Entwicklung des Kontinents" bedeutet (Friedrich et al., 2021, S. 2).
- Nach einer jüngsten Analyse über die Wirksamkeit bei der Bekämpfung der Corona-Pandemie eines Spiegel-Teams gibt es keinen „eindeutigen Zusammenhang zwischen der Staatsform, dem Grad der Demokratie oder Autokratie mit dem Verlauf der Pandemie" (Dambeck & Hoffmann, 2021, S. 90); d. h. dass weder die besonders demokratischen noch die besonders autoritären Staaten bisher am stärksten von Covid-19 betroffen waren. Aber bemerkenswert ist doch das Resultat, dass unter 154 untersuchten Ländern die demokratisch regierten Länder *Finnland, Norwegen* und *Luxemburg* die Spitzenreiter bei der Pandemie-Bekämpfung sind. Autoritär regierte Staaten wie *Brasilien, Russland* und *Peru*, aber auch *Südafrika* und *Indien*, gehören dagegen zu den Ländern mit den höchsten ‚Übersterblichkeitswerten' (als Maßstab für Politikversagen) (Dambeck & Hoffmann, 2021, S. 91). Vor allem die jugendlichen Protestbewegungen in Ländern wie *Algerien, Tunesien, Sudan, Ägypten, Äthiopien* oder *Mali*, die demokratische Systemreformen und Korruptionsabbau zum Ziel hatten, sind unter dem Vorwand von Lockdowns erstickt worden und gehören zu den großen Verlierern der Corona-Pandemie.

Hoffnungsschimmer: Afrikas Zukunft wird noch ‚diverser'

Wie auch hier an zahlreichen Beispielen und Zahlen illustriert wurde, ist die Feststellung realistisch, dass die große Mehrzahl der Menschen afrikanischer Länder in diesem Jahr und auch in den nächsten Jahren unter den wirtschaftlichen, sozialen und politischen Folgen der Corona-Pandemie viel stärker leiden wird als die Einwohner von Staaten mit leistungsstarken bewährten Gesundheitssystemen. Aktuell machen Corona-bedingte oder durch Corona verstärkte Hungersnöte, Gewaltausbrüche und Staatsversagen auf Madagaskar, in Mosambik, in Namibia, in Sambia, Südafrika, in Äthiopien und Tunesien Schlagzeilen. Afrikas Ökonomien sind aufgrund externer Abhängigkeiten und geringer Diversität in starkem Maße verwundbar, wobei die noch nicht überwundene Corona-Pandemie (mit möglichen weiteren Infektionswellen) bestehende Schwächen und Asymmetrien im Außenhandel verstärkt (Kappel, 2021). Auch in den kommenden Jahren werden afrikanische Gesellschaften unter Überschuldung, Ernährungsunsicherheit, Arbeitslosigkeit und zunehmenden Gewaltausbrüchen als Folge von städtischem Bevölkerungswachstum, ländlicher Verelendung und Perspektivlosigkeit der Jugend zu leiden haben. Gleichwohl sollte nicht übersehen werden, dass es auch einige positive oder ermutigende Ansätze gibt:

- Optimisten wie die Experten der *African Development Bank (AfDB)* erwarten für die kommenden Jahre wieder wirtschaftliche Wachstumsraten von über 5 %. Die VR China und die USA werden als ‚Lokomotiven' bewertet (auch dank der riesigen Konjunkturprogramme von US-Präsident John Biden).
- Gute Ernten in Teilen des südlichen und östlichen Afrika sowie eine starke Nachfrage nach Rohstoffen aus Afrika bei anziehenden Preisen können als Indizien für eine mittelfristig wirkende wirtschaftliche Erholung angesehen werden.

W.-C. Peters und R. Tetzlaff, *Wie Corona Afrika verändert*, essentials, https://doi.org/10.1007/978-3-658-35558-6_10

- Rohstoffreiche Länder wie Sambia, die DR Kongo, Südafrika, Simbabwe, Ghana etc. profitieren vom starken Preisanstieg für Rohstoffe auf dem Weltmarkt nach der weltweiten Flaute 2020. Die Preise stiegen im Vergleich zum Vor-Pandemiejahr 2019 bis zum Juni 2021 für Kupfer (+60,3 %), Eisenerz (+128,6 %), Zinn (+74,4 %), Gold (+31,8 %), Platin (+30,1 %), Erdöl (+16,9 %) oder Kohle (+66,9 %)[1]. Dies lässt hoffen, dass zumindest einige afrikanische Staaten mittelfristig eine bessere finanzielle Basis für ihre wirtschaftliche Erholung und den Aufbau leistungsstarker Gesundheits- und Bildungssystem erwerben können.
- Positiv zu bewerten ist die Tatsache, dass die Geldüberweisungen *(remittances)* von im Ausland arbeitenden Afrikanerinnen und Afrikaner nach Afrika während der Pandemie nicht überall zurückgegangen sind, sondern sich in einigen Ländern sogar erhöhten[2]. Sie betragen summiert etwa 60 Mrd. US$ jährlich und „sind zur größten externen Finanzquelle Afrikas geworden" (Kappel, 2021, S. 16). Die Weltbank erwartet sogar, dass weltweit Geldüberweisungen in *low- and middle-income countries* (Länder mit geringem und mittlerem Einkommen) um 2,6 % zunehmen werden[3].
- Corona hat mancherorts der Notwendigkeit, staatliche Gesundheits- und Sozialpolitiken mit Eigenmitteln auszubauen, eine neue Dringlichkeit verliehen. Einige afrikanische Staaten reagierten auf die sich verschärfenden sozialen Lebensbedingungen mit (oft über Geber wie EU, AfDB und IWF finanzierten) sozialen Hilfsprogrammen und stimulierenden fiskalischen Maßnahmen (KAS, 2021). So schufen die Regierungen von Simbabwe, Sambia, Namibia und Malawi „Cash Transfer"- Programme für vulnerable Haushalte; in anderen Ländern übernahmen die Regierungen Lohnfortzahlungen, wenn Betriebe aufgrund von Lockdown-Anordnungen in wirtschaftliche Schwierigkeiten gerieten[4].
- Die Appelle von UN-Behörden und der Afrikanischen Union, mehr Solidarität der reicheren Industrieländer für Afrika aufzubringen, sind nicht folgenlos verhallt. Die COVAX-Politik kann afrikanischen Ländern helfen, ihre Gesundheitssysteme aufzurüsten, und auch auf bilateraler Ebene haben EU-Staaten, die USA, China, Russland, Indien und andere Länder diverse Hilfsprogramme

---

[1] Vgl. *CMO-Pink-Sheet-July-2021.pdf (worldbank.org)*.

[2] Vgl. https://www.worldbank.org/en/news/press-release/2021/05/12/defying-predictions-remittance-flows-remain-strong-during-covid-19-crisis.

[3] Ebd.

[4] Vgl. GIZ, Economic Unit Africa. COVID-19 Impact & Policy Tracker Southern Africa (as of 05.06.2021). mimeo.

für den Gesundheitssektor auf den Weg gebracht[5]. Was noch dringend fehlt, ist eine Neujustierung der internationalen Handelsbeziehungen (einschließlich des Abbaus des Agrarprotektionismus der Industriestaaten), um afrikanischen Ländern mehr Chancen einzuräumen, aus ihren Schulden ‚herauszuwachsen' und die eigenen Bevölkerungen aus eigener Kraft ernähren und weiterbilden zu können.

---

[5] Vgl. https://www.theguardian.com/world/2021/jun/15/coronavirus-outpacing-vaccine-eff ort-says-who-after-g7-doses-pledge.

Was Sie aus diesem *essential* mitnehmen können

- Die zunächst nicht erwartete Erschütterung von Gesellschaft, Wirtschaft und Politik afrikanischer Staaten durch COVID-19
- Die aktuellen Verlierer der dritten Welle der Pandemie: die Landbevölkerung (die kaum geimpft wird), Schulmädchen (die ihre Bildungschance einbüßen), Arbeiterinnen und Arbeiter im Tourismussektor und in Textilindustrien (die ihre Jobs verlieren)
- Vielerorts ist der Hunger mehr gefürchtet als der Virus.
- Der Legitimationsverlust der Regierungen als Folge von Staatsversagen: ungenügendes Pandemie-Management und Schwächen im Gesundheitssektor bei Krankenhäusern, Test-Geräten, Impfstoff-Beschaffung
- Die detaillierte Beschreibung der Corona-Politik in drei Fallstudien (Sambia, Äthiopien und Südafrika): organisatorische, finanzielle und psychologische Herausforderungen
- Die Notwendigkeit des beschleunigten Aufbaus eigener robuster Gesundheitssysteme, einschließlich der Herstellung von Impfstoffen
- Kein Verlass auf internationale Solidarität angesichts des Impfstoff-Nationalismus der wohlhabenden Staaten

© Der/die Herausgeber bzw. der/die Autor(en), exklusiv lizenziert durch Springer Fachmedien Wiesbaden GmbH, ein Teil von Springer Nature 2021
W.-C. Peters und R. Tetzlaff, *Wie Corona Afrika verändert*, essentials,
https://doi.org/10.1007/978-3-658-35558-6

Literatur

Abbink, J. (2020). Ethiopia. In: V. A. Mehler, H. Melber, & K. van Walraven (Hrsg.), *Yearbook Africa* (Bd. 16, 2019). Leyden & Hamburg

Abbink, J. (2021). The Atlantic Community mistake on Ethiopia…. Working Paper 150/2021. Leiden University

Acquaah, M., Namatovu, R., & Kiggundu, M. R. (2021). Preliminary investigations into the Covid-19 pandemic and management in Africa. *Africa Journal of Management (Routledge), 7. Jg., Heft 1*, 1–12.

Africa Confidential. (2021). *Africa Economy. Governments face a multi-speed rebound* (Bd. 62, No 3 (4.2.2021)), 1–3.

Ärzte ohne Grenzen. (2021). *„Madagaskar. Ärzte ohne Grenzen warnt vor drohendem Hungertod". Pressemitteilung vom 18.5.2021* https://www.aerzte-ohne-grenzen.de/pre sse/madagaskar-ernaehrungskrise.

Anajama, C. (2021). "Pandemie. Neue Basis für Staatsfinanzen". In: *E+Z (Entwicklung und Zusammenarbeit)* (Jg. 92, 2021, H. 03–04, S. 42).

Beldjoudi, N.-H. (2021). Algerien. In: *KAS: Ein Jahr Corona* (März 2021).

Böhm, A. (2021a). „Viele Ernten fallen aus. In Madagaskar sind mehr als eine Million Menschen von einer Hungernot bedroht". In: *FAZ vom 14.5.2021* (S. 7).

Böhm, A. (2021b). „Danach überstrichen sie das Blut an den Wänden. Äthiopien droht an ethnischen Konflikten zu zerbrechen". In: *Die Zeit vom 1.7.2021* (S. 9).

Braun, H. (2021). Schützt die Patente! In: *Die Zeit vom 24.06.2021* (S. 10).

Bröll, C. (2021). "Wir sind mitten in der Katastrophe. In Namibia verschärft sich die Corona-Lage dramatisch". In *FAZ vom 13.07.2021* (S. 7).

Brüntrup, M. (2020). Food Security in times of crisis: poor developing countries are different. In: *DIE Briefing Papers* (April 2020).

Cepheus. (2021). Macro Research Ethiopia. Macroeconomic Handbook 2021. In: *Cepheus Research & Analysis* (February 25, 2021).

Cilliers, J. (2021). Bevölkerungswachstum. Afrika voranbringen. In: *E+Z 2021/01–02* (S. 6–7).

Dambeck, H., & Hoffmann, C. (2021). Das wahre Gesicht der Pandemie. Corona. Wer kommt am besten durch die Krise?.... Der Spiegel Nr. 28, vom 10.7.2021 (S. 86–91).

Delius, U. (2021). Tigray versinkt in Hunger und Gewalt. In: v. Gesellschaft für bedrohte Völker (Hrsg.), *Für Vielfalt* (52. Jg., 1/2021, S. 44–45).

Dombrowski, Katja. (2018). Bildung für sozialen Aufstieg. In: *E+Z Technologie und Arbeit* (11–12/2018, S. 20–21).

The Economist. (2021). *Africa's long covid. The toll on growth.* (February 6.th – 12.th. 2021, S. 7). London.

The Economist. (2021). „*Africa's recovery from the pandemic will be slow and leave deep scars*" (February 6.th – 12.th. 2021, S. 23–25). London.

Ezemalu, B. (2021). Covid-19-Impfung. Afrika nicht zurücklassen. In: *E + Z (Entwicklung und Zusammenarbeit)* (Jg. 92,2021, H. 03–04, S. 6–7).

Friedrich, S., & Brinkel, S. *Konrad-Adenauer-Stiftung. COVID-19 in Subsahara-Afrika.* https://www.kas.de/de/covid-19-in-subsahara-afrika.

Gerlinger, T. (2020). Variationen der Pandemiebekämpfung. In: *Aus Politik und Zeitgeschichte* (70 Jg., 46–47/2020, vom 9.11.2020, S. 15–21). Weltgesundheit.

Glaubrecht, M. (2019). *Das Ende der Evolution. Der Mensch und die Vernichtung der Arten* (3. Aufl.). C. Bertelsmann.

Gloger, K., & Mascolo, G. (2021). *Ausbruch. Innenansichten einer Pandemie.* Piper.

Halaszovich, T., & Mattfeld, S. (Jacobs University Bremen). (2020). *Impact of Covid-19 on Export and Investment Activities of German Companies in Sub-Sahara Africa.* GIZ Eschborn.

Hanrieder, T. (2020). Globale Gesundheitssicherung, nur wie? Kontroversen eines Politikfeldes. In: *Aus Politik und Zeitgeschichte* (70 Jg., 46–47/2020, vom 9.11.2020, S. 35-40). Weltgesundheit.

Hartwig, R., & Hoffmann, L. (2021). *COVID als Vertrauensfrage für Regierungen in Subsahara-Afrika.* GIGA Focus Afrika Nr. 3, 07/2021

Hauser, G. (2021). *Die Coronakrise 2020. Unterschiedliche Strategien zu deren Eindämmung im Vergleich.* Reihe WIFIS aktuell, Band 66. Opladen usw. : Verlag Barbara Budrich

Herlihy, D. (1998). *Der Schwarze Tod und die Verwandlung Europas.* Wagenbach.

Hirsch, T., & Mattheß, M. (2021). *Build forward better! Die globale Bekämpfung der Klimakrise in Zeiten der Pandemie.* Friedrich-Ebert-Stiftung.

Kappel, R. (2021). „*Together Towards Justainability. Redefining Europe-Africa Relations*"., Hrsg. von der Friedrich-Ebert-Stiftung.

KAS (Konrad-Adenauer-Stiftung). (2021). *Ein Jahr Corona-Pandemie im Nahen Osten und Nordafrika* (Porträt von 7 Ländern). https://www.kas.de/de/covid-19-im-nahen-osten-nordafrika.

Krennerich, M. (2020). Gesundheit als Menschenrecht. In: *Aus Politik und Zeitgeschichte* (70 Jg., 46–47/2020, vom 9.11.2020, S. 22–27). Weltgesundheit.

Lipowsky, J. (2021). Tunesien. In: *KAS, Ein Jahr Corona-Pandemie.* https://www.kas.de/de/covid-19-im-nahen-osten-nordafrika.

Manek, N., & Meckelburg, A. (2020). 'Am Ende kann nur Gott uns helfen'. Das Coronavirus in Äthiopien. In: *Aus Politik und Zeitgeschichte* (70. Jg., 18–19/2020 vom 27.4.2020, S. 51–54). Äthiopien.

OECD. (2021). *COVID-19-Country-Policy-Tracker.* Paris.

Peters, W.-C. (2010). *The Quest for an African Economic Community. Regional Integration and its Role in Achieving African Unity – The Case of SADC.* Frankfurt a. M.

Pradetto, A. (2020). *Multiples Versagen: WHO, EU und Deutschland in der Corona-Krise* (WIFIS-Arbeitspapier Nr. 3). Hamburg.

Rößler, H.-C. (2021). Symptom einer größeren Krise. Immer mehr junge Tunesier fliehen vor den verheerenden Folgen der Corona-Pandemie und einem drohenden Staatsbankrott. In *FAZ vom 7.7.2021* (S. 5).

Ross, J. (2021). *Fast geschafft! Das große Chaos ist ausgeblieben, Wissenschaft und Bürgersinn triumphieren über die Seuche. Was also kann man aus der Pandemie lernen?* In: *Die Zeit vom 17.06.2021* (S. 3).

Smith, S. (2018). *Nach Europa. Das junge Afrika auf dem Weg zum alten Kontinent.* Edition.fotoTAPETA.

Tetzlaff, R. (2018). Afrika. *Eine Einführung in Geschichte, Politik und Gesellschaft. Ein Lehrbuch.* Grundwissen Politik. Springer VS.

Tetzlaff, R. (2021). *Vielvölkerstaat Äthiopien. Zu den historischen Ursachen von Krieg und Frieden in Äthiopien.* Wiesbaden: Essentials Springer VS.

Weiss, S. (2021). Warum sollte das Virus an der Grenze stoppen? In Tansania steht das Leben von Millionen Menschen auf dem Spiel. In: *Africa Positive* (22. Jg., Nummer 81 (2021), S. 32–33).

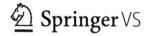
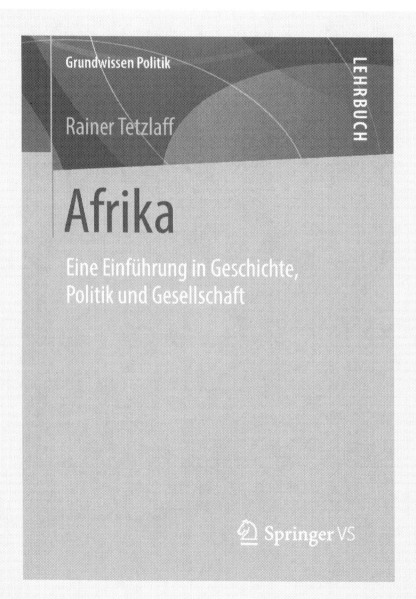

Grundwissen Politik

LEHRBUCH

Rainer Tetzlaff

Afrika

Eine Einführung in Geschichte, Politik und Gesellschaft

Springer VS

Printed in the United States
by Baker & Taylor Publisher Services